Contra o antissemitismo e suas instrumentalizações

JUDITH BUTLER • ARIELLA AÏSHA AZOULAY •
SEBASTIAN BUDGEN • LEANDROS FISCHER •
MAXIME BENATOUIL • HOURIA BOUTELDJA •
FRANÇOISE VERGÈS • FRÉDÉRIC LORDON •
NAOMI KLEIN

Contra o antissemitismo e suas instrumentalizações

Tradução
Thomaz Kawauche

editora
unesp

Título original: *Contre l'antisémitisme et ses instrumentalisations*

Direitos de publicação reservados à:
Fundação Editora da Unesp (FEU)
Praça da Sé, 108
01001-900 – São Paulo – SP
Tel.: (0xx11) 3242-7171
Fax: (0xx11) 3242-7172
www.editoraunesp.com.br
www.livrariaunesp.com.br
atendimento.editora@unesp.br

Dados Internacionais de Catalogação na Publicação (CIP) de acordo com ISBD
Elaborado por Vagner Rodolfo da Silva – CRB-8/9410

C764 Contra o antissemitismo e suas instrumentalizações / Judith Butler ... [et al.]; traduzido por Thomaz Kawauche. – São Paulo: Editora Unesp, 2025.

Tradução de: *Contre l'antisémitisme et ses instrumentalisations*
Inclui bibliografia.
ISBN: 978-65-5711-293-9

1. Política. 2. História. 3. Preconceito. 4. Guerra. 5. Gaza. 6. Palestina. 7. Israel. 8. Genocídio. 9. Holocausto. I. Butler, Judith. II. Azoulay, Ariella Aïsha. III. Budgen, Sebastian. IV. Fischer, Leandros. V. Benatouil, Maxime. VI. Bouteldja, Houria. VII. Vergès, Françoise. VIII. Lordon, Frédéric. IX. Klein, Naomi. X. Kawauche, Thomaz. XI. Título.

CDD 320
2025-3486 CDU 32

Editora afiliada:

Asociación de Editoriales Universitarias de América Latina y el Caribe

Associação Brasileira de Editoras Universitárias

Sumário

Tornar impossível uma palavra judaica contra a violência de Estado

Judith Butler

O 7 de outubro de 2023 e a guerra genocida que se seguiu constituem uma ilustração funesta para a urgência de pensarmos consistentemente acerca da violência e dos modos de nos libertarmos dela. Em um mundo que sofre com guerras e catástrofes, o horror desencadeado sobre palestinas e palestinos, não apenas nos últimos meses, mas repetidamente desde o nascimento do Estado de Israel, representa um ponto de condensação para todos os problemas ligados à violência de Estado, tanto física quanto moral, tanto militar quanto policial, cultural, econômica ou social; e para as maneiras pelas quais aqueles que sofrem tais violências respondem a elas no cotidiano, desde a mais simples microrresistência até os movimentos não violentos, ou ainda as facções armadas. No transcurso destrutivo da atualidade, há lugar para o pensamento, para uma crítica da soberania, para reflexões sobre o valor de cada vida, sobre a possibilidade não apenas de convívio, mas também de ética na relação com o outro. Em minha jornada intelectual, passei quase vinte anos envolvida nesse trabalho, seja com o pensamento judaico, seja para além dele, e sempre incluindo a história e a literatura palestinas: tenho argumentado que certa tradição judaica, tanto religiosa quanto filosófica, exige questionamento das lógicas predatórias, exclusivistas, coloniais e possessivas do Estado-nação. A condição judaica, nos antípodas dos pensamentos centrados na soberania, é um lugar (não exclusivo) para articular o ponto de vista do mundo dos apátridas, dos exilados, das diásporas. Assim, gostaria de mostrar que a binacionalidade e a diáspora, características do pensamento pós-sionista contemporâneo, já estavam firmemente ancoradas nas reflexões e nas irreflexões de figuras como Arendt, Benjamin, Kohn, Buber e Lévinas.

Contudo, também já faz mais de vinte anos que não escrevo a respeito da despossessão sofrida por judias e judeus que pretendem conduzir o debate – apesar das incessantes acusações de antissemitismo contra qualquer crítica às políticas do Estado de Israel e, *a fortiori*, contra qualquer questionamento da atual fundação desse Estado-nação – sobre a soberania e a proteção da maioria demográfica judaica e o direito de retorno reservado exclusivamente a judias e judeus de todo o mundo. De fato, por trás da ideia de que qualquer crítica a Israel ou ao sionismo constitui intencional ou objetivamente uma forma de antissemitismo, há dois pressupostos intimamente relacionados. Por um lado, criticar Israel indicaria necessariamente uma intenção de prejudicar judias e judeus ou, ainda, fortaleceria aqueles que desejassem prejudicá-los. Por outro lado, se a crítica a Israel ataca judias e judeus de alguma forma, isso se deve ao fato de termos aprendido que há equivalência direta entre judaísmo e sionismo, ou entre judias/judeus e sionistas.

Essa equação é ruinosa e só causa violência, pois impossibilita a crítica salutar, a partir de uma posição judaica fundada na diáspora, começando pela violência associada ao exercício da soberania e às políticas identitárias baseadas na pertença exclusiva e na apropriação privatista e violenta.

É nesse contexto específico que devemos compreender os ataques à liberdade de expressão, particularmente na França, na Alemanha e nas universidades norte-americanas, ocorridos na cena política ligada aos crimes perpetrados em Gaza. Os desdobramentos do ataque de 7 de outubro exacerba todas as características e questões cristalizadas em torno da violência colonial e das reivindicações por emancipação e justiça. Deveríamos ser capazes de pensar nesses desdobramentos sem negar que a solidariedade com palestinas e palestinos é absolutamente necessária. No entanto, todos os movimentos sociais, de intelectuais, artistas e, em particular, de vozes judaicas que denunciam o massacre, são submetidos a uma onda de repressão sem precedentes liderada pelos Estados ocidentais, onda que visa quebrar qualquer tipo de solidariedade ou demanda por justiça e, ao mesmo tempo, criminalizar qualquer tentativa de contextualização, impedindo o surgimento da busca por condições que possibilitariam a convivência, uma vida comum futura.

De Harvard à Sciences Po: a democracia impedida

A recente mobilização nos *campi* estadunidenses e nas universidades da Europa, especialmente na França, tem chamado a atenção de todo o mundo. Palestinas e palestinos da diáspora me informaram que esse elã, essa lucidez e essa grande solidariedade trazem bastante conforto. Várias vezes ouvimos sobre

Israel e Palestina que "a situação é muito complicada". Para muitos jovens, é bem provável que as coisas atualmente não sejam tão complexas. A violência que solapa Gaza é uma violência genocida. É claro e evidente que há diversas provas materiais e filmagens que atestam isso; eles não as ignoram. Esses jovens se informam de todas as maneiras possíveis. Leem, acompanham cursos e seminários que tratam da história de Gaza, e não se limitam aos recentes e horríveis bombardeios que já custaram a vida de quase 40 mil pessoas. A juventude mobilizada conduz suas próprias pesquisas sobre a história do sionismo, a colonização na Palestina, o destino dos refugiados palestinos, sua vida como apátridas ou como sujeitos de uma autoridade político-administrativa sem soberania, ou o estatuto de cidadãos de segunda classe no caso dos palestinos de 1948 em Israel.

É importante perceber que a luta nas universidades combina intimamente o ativismo e a autoeducação coletiva. Trata-se de um trabalho constante para esclarecer os princípios e a orientação do combate: explicar coletivamente por que não é aceitável dizer "os judeus devem retornar para suas casas na Polônia", mas também explicar o que significa *Palestina livre*. Nada de "lançar os judeus ao mar", mas sim acabar com as colônias, redistribuindo as terras entre palestinas(os) expulsas(os); pensar em uma forma justa de implementar o direito de retorno daqueles que sofreram exílio forçado e que desejam retornar à sua terra ou, pelo menos, à região, ou ainda que desejam o benefício das reparações pelos danos que sofreram coletivamente. Liberdade diante da colonização, dos bombardeios, da ocupação, das violências e das prisões, certamente; mas liberdade para fazer o quê? Qual deveria ser a aparência dessa liberdade? Como organizá-la? Como todas as pessoas, judias e judeus, palestinas e palestinos, deveriam conviver nessa realidade nova de uma Palestina livre? Ou deveríamos chamá-la de Palestina-Israel? Ou seriam dois Estados que negociariam um acordo justo ou uma coexistência entre federações? Muitas pessoas já começaram a pensar sobre isso, e até gostaríamos de ver esses seminários que acontecem na rua e na universidade se expandirem; seminários nos quais *slogans* estúpidos, odiosos ou antissemitas pudessem ser descartados, e todas as implicações das palavras de ordem fecundas, que realmente clamam por mais justiça, liberdade e igualdade no Oriente Médio, pudessem ser empregadas.

A sequência recente ilustra bem – e de forma verdadeiramente literal – o que mencionamos antes sobre o banimento de nossos lugares de reflexão por conta do amálgama entre antissemitismo e antissionismo. Como muitos outros, vi reitores das universidades que, com leviandade, convidavam a polícia para desmontar acampamentos e atacar e ferir os estudantes, tolhendo deles a liberdade de reunião e de expressão, sem mencionar a liberdade acadêmica. É preciso enfatizar que alguns reitores de universidades não chamam as forças policiais, e isso é louvável, mas o que aconteceu nos Estados Unidos foi algo de magnitude fenomenal. No caso da França, como na Sciences Po ou na Sorbonne, fatos semelhantes puderam ser constatados nos locais onde estudantes se reuniam ou montavam acampamentos. Dentro das universidades, onde quer que ações de solidariedade ocorressem com concentrações e ocupações, a polícia podia ser vista chegando em grande número, fortemente armada e, em geral, violenta.

É preciso dizer que as razões apresentadas pelas universidades para justificar a reação violenta contra seus estudantes são, na maioria dos casos, ineptas. O argumento da segurança tem sido usado com frequência. Mas deveríamos nos perguntar: segurança de quem? Certamente não se trata da segurança de estudantes mobilizadas(os), nem daquela de docentes, seja os efetivos ou aqueles com vínculo temporário. Ninguém se importa quando esses acadêmicos carecem de segurança para poderem se expressar, fazer exigências ou protestar. No entanto, garantir a liberdade dos movimentos de protesto no *campus* deveria ser prioridade, uma vez que não se trata apenas de defender a liberdade de expressão, mas também de falar para "fora dos muros", como se diz no jargão universitário.

Na verdade, há duas coisas em jogo quando se fala em repressão às ocupações. A questão da segurança dos locais de estudo, ou seja, da propriedade privada das universidades, nesse caso, estudantes que se mobilizam para impedir a livre circulação no *campus* são levados a julgamento. Mas há outra questão: a segurança de estudantes judias e judeus. É necessário notar que esse problema foi mencionado por certo número de estudantes judias e judeus, não por todas(os): alguns e algumas relataram sentir insegurança, principalmente por causa dos debates envolvendo as ocupações.

É preciso questionar essa ideia, a de que as palavras capazes de dar origem a medidas protetivas são as ouvidas em declarações que ameaçam diretamente a integridade física das pessoas. No entanto, os argumentos que justificam as intervenções policiais geralmente se baseiam em uma ambiguidade entre palavras que podem ser perturbadoras, ofensivas ou discutíveis e declarações que equivalem a uma ameaça física contra outras(os) estudantes. A imprecisão deliberadamente mantida em meio aos debates desempenhou um papel prejudicial, precisamente por conta da premissa "por causa do que alguém diz, não sinto *segurança*", com base na qual se chega à infeliz conclusão: "minha segurança é mais importante do que a liberdade de expressão alheia".

O cerne do problema é que, na maioria das vezes, ninguém afirma ter ajudado estudantes judias e judeus em resposta a declarações diretamente voltadas contra sua condição judaica e que ameaçavam causar-lhes danos. Não há dúvida de que tais declarações encontram-se fora do escopo aceitável da liberdade de expressão. Essa questão da segurança e da proteção parece ter sofrido um desvio, a ponto de ser mobilizada contra declarações que denunciavam o genocídio em Gaza ou que pediam o fim dessa guerra genocida.

Tal desvio é profundamente nefasto porque a reivindicação por um cessar-fogo expressa com precisão o desejo de pararmos de prejudicar os outros. Atualmente, são as palestinas e os palestinos que precisam de segurança, que precisam de proteção. E a comunidade internacional fracassou em fornecer-lhes isso. É necessário oferecer-lhes proteção em meio ao perigo, um perigo físico real: o de serem mortas(os), gravemente feridas(os) ou de terem suas famílias massacradas. Assim, parece-me verdadeiramente grotesco que a polícia intervenha para garantir a segurança de uma/um estudante judia/judeu, que, por se dizer sionista ou defensor(a) de Israel, se sente ameaçado(a) por quem deseja o fim do genocídio em Gaza. Aconteça o que acontecer, tal estudante já se encontra em segurança. É possível que ela/ele tenha ficado abalada(o) com certas palavras de ordem, ou até mesmo que infelizmente tenha precisado ouvir ou suportar comentários antissemitas; nesse caso, isso é obviamente condenável. Porém, é preciso também acrescentar que, nos últimos anos, o escopo daquilo que é considerado antissemita foi grandemente expandido, a ponto de, para algumas organizações, o próprio ato de clamar por justiça na Palestina poder ser considerado uma postura antissemita.

Depois de Pantin

Eu mesma fui advertida, vale lembrar, após meu discurso no evento público em Pantin, na França, em março de 2024. Fui censurada por insistir que, apesar do caráter horrível das táticas empregadas e de minha profunda discordância com elas, o ataque palestino de 7 de outubro de 2023 era um ato de resistência armada, e não um "ataque terrorista" ou um ato "antissemita". Por frases fora de contexto como essas, experimentei a infâmia e tive que adiar uma série de encontros sobre o tema do luto que seria realizada no Centro Pompidou em abril de 2024. Era necessário esclarecer bem as coisas. Como escrevi em meu artigo de 13 de outubro de 2023 no *AOC*,[1] fiquei profundamente perturbada diante dos massacres de cidadãs israelenses judias e cidadãos israelenses judeus em 7 de outubro, e condenei o Hamas por cometer tais atrocidades. Declaro o mesmo sentimento enquanto judia e enquanto pessoa.

Também é verdade que o luto e a condenação não começam nem terminam aí. As décadas de violência que levaram a esse evento, e em particular aquelas perpetradas pelas forças de ocupação, são anteriores a 7 de outubro, de tal maneira que o início da história que deveríamos contar remonta necessariamente a várias décadas atrás.

1 Butler, Condamner la violence, *AOC*.

Desde aquela primeira declaração, os ataques israelenses em Gaza provocaram quase 40 mil mortes, e essas mortes me levam a chorar e a condenar repetidamente. Então, vejo-me na difícil situação, que compartilho com muitas outras pessoas ao redor do mundo, de lamentar por todas as mortes que ocorreram durante essa guerra brutal. Vale ressaltar que fui condenada por certo número de palestinas e palestinos por expressar abertamente horror e pesar por judias e judeus mortas(os) ou levadas(os) como reféns em outubro. Assim como fui condenada por sionistas pelo fato de ter lastimado e lamentado as dezenas de milhares de palestinas e palestinos brutalmente mortas(os) desde então. Não há contradição em sentir pesar por todas essas vidas. A única contradição está em lamentar algumas vidas e não outras.

Em Pantin, sugeri que deveríamos interpretar esses ataques, por mais horríveis que sejam, como uma tática política. É verdade que o antissemitismo pode ser ouvido claramente nas gravações dos combatentes que realizaram o assalto. Entretanto, a principal motivação do Hamas era desafiar uma potência militar colonial, mostrar-lhe que seus membros eram capazes de fazer uma incursão em território israelense, de matar e destruir, de atingir Israel onde a dor fosse maior. O resultado foi uma série de atrocidades. Podemos tentar compreender os objetivos do grupo e deplorar totalmente sua realização.

O ataque do Hamas veio da facção armada de um partido político que administra Gaza, e eu continuo disposta a descrever esse ataque como uma forma de resistência armada à colonização, ao cerco e à despossessão em andamento. Foi um erro no contexto francês usar a palavra "resistência", porque ela é sobredeterminada: significa o triunfo final da liberdade contra a ocupação nazista. Mas, no âmbito anglófono, a palavra não implica aprovação nem celebração; ela é puramente descritiva. Alguns movimentos têm facções armadas. Dizer isso não significa glorificar suas atrocidades. "O Hamas não é um grupo terrorista para nós... É um movimento político", declarou Martin Griffiths, então secretário-geral adjunto da Organização das Nações Unidas (ONU) para assuntos humanitários e coordenador de ajuda de emergência.

Não se trata de endossar as táticas do Hamas nem de glorificar suas ações. Além disso, aqueles que buscam acabar com essa violência devem negociar com o grupo, como fazem atualmente os negociadores do cessar-fogo. Mas, para isso, é necessário entender quais são seus objetivos políticos e elaborar uma estratégia para acabar com a violência. Isso também é o que deve ser feito para acabar com a violência do Estado israelense.

Chamar as ações do Hamas pura e simplesmente de "terroristas" é o mesmo que dizer que todas as populações, em Gaza ou em outros lugares onde há simpatizantes desse grupo, também são terroristas em potencial. Eles são o Hamas ou os escudos humanos que o protegem; por conseguinte, todos os assassinatos de palestinas e palestinos são justificados. Esse é o álibi perfeito para o genocídio, porque, uma vez admitido esse raciocínio, resta apenas uma "solução" aos olhos do governo israelense e de seus aliados estadunidenses: causar o desaparecimento do maior número possível dessas pessoas.

Com isso, eu não estava tentando idealizar o Hamas, mas enfatizar que ele não surgiu do nada. Surgiu como uma organização política significativa após os acordos de Oslo em 1993, os quais acabaram se mostrando uma absoluta ilusão para o povo palestino. A transferência de autoridade política que deveria ter ocorrido, que havia sido prometida, nunca aconteceu. Houve até sabotagem: mais terras foram tomadas, menos direitos foram concedidos, e isso foi visto pela maioria das palestinas e dos palestinos como uma grande traição. O Hamas então ganhou popularidade, como sabemos, no interior da vida política palestina. Esse triunfo, na minha opinião, poderia ter sido evitado. Para mim, as atrocidades cometidas pelo Hamas em 7 de outubro – e foram atrocidades – não devem ser vistas apenas como atos de violência cega e irracional. A violência foi horrível. Eu a condenei diversas vezes e continuo a condená-la. Contudo, ela não é desprovida de contexto.

Nem todas as formas de "resistência" são justificáveis, e algumas, como as mencionadas, realmente exigem condenação. As violações sexuais cometidas por soldados do Hamas e documentadas pela ONU são graves e indesculpáveis, assim como a tortura e as violações sexuais cometidas por soldados e policiais israelenses, que também foram comprovadas. O antissemitismo e o racismo antiárabe devem ser combatidos da mesma maneira. Além disso, para mim, os assassinatos de habitantes de Gaza cometidos por israelenses, perpetrados desavergonhadamente e sem contenção, mereceriam ser condenados como terroristas, se insistirmos em usar essa qualificação. Por que restringir o campo semântico do "terrorismo" apenas a atores não governamentais?

Já passou da hora de a comunidade internacional se unir a fim de encontrar uma solução justa e duradoura que permita a todas e todos que habitam essa terra viverem em igualdade, liberdade e justiça. Para isso, precisamos encontrar maneiras de compreender as razões da violência sem recorrer a justificativas rápidas e duvidosas ou a caricaturas racistas para nos opormos a elas.

Meu compromisso consiste em desenvolver uma forma de imaginar a igualdade radical de vidas "passíveis de luto". Uma das razões pelas quais afirmo uma filosofia da não violência é que ela me permite ter um ponto de vista sobre a guerra ou sobre os conflitos extensos que não implica necessariamente numa tomada de partido em meio ao combate. Reflito sobre a guerra e, assim como muitos outros que fizeram essa reflexão, enfatizo uma posição crítica e distinta das perspectivas das partes envolvidas no conflito. Isso também significa que estou constantemente tentando entender como a paz verdadeira poderia ser alcançada e como os atores militares poderiam interagir entre si na mesa de negociações.

Se queremos pedir às pessoas que deponham as armas – e espero que essa seja a nossa vontade –, devemos compreender por que elas as pegam. Conduzir esse tipo de pesquisa histórica não significa justificar a violência infligida. Explicar não é exonerar, como tentei elucidar em *Vida precária*.[2] Para alcançarmos um mundo de convívio não violento, é necessário compreender a história da dominação colonial, suas estruturas e suas práticas atuais, a fim de acabarmos com essa dominação. A convivência não pode funcionar sem que primeiro sejam estabelecidas condições de igualdade, e, antes de tudo, igualdade entre as vidas passíveis de luto.

2 Ed. bras.: Butler, Judith. *Vida precária*: os poderes do luto e da violência. Trad. Andreas Lieber. São Paulo: Autêntica, 2019. (N. T.)

Tomar a palavra na condição de judia

A desaprovação desse último ponto – minha insistência recorrente na desigualdade fundamental entre vidas passíveis de luto e as vidas descartáveis – pode ser vista como resposta ao meu artigo na *AOC* e na *London Review of Books*. Algumas pessoas temiam que esse ângulo de ataque resultasse na valorização das perdas mais do que na da resistência. Isso se junta às críticas feitas ao meu trabalho em defesa da não violência, que não estaria à altura do risco de destruição sofrido por palestinas e palestinos e que condenaria, categórica e indevidamente, os modos violentos de ação. Meu artigo, escrito no calor do momento logo após o 7 de outubro, também foi desaprovado por falta de empatia em relação a palestinas e palestinos, ao seu sofrimento e à sua luta legítima.

Responder a essas poucas objeções não deixa de ser útil para esclarecer meu posicionamento e afastar minha própria visão da linha de conduta e de ação emancipatória em um período tão sombrio. Primeiro, devo esclarecer que meu artigo "Condamner la violence" [Condenar a violência] foi concebido como testemunho do sofrimento de judias e judeus diante do 7 de outubro e como uma resposta a esse dia. O objetivo era não apenas descrever o que eu sentia – medo, dor, terror –, mas, acima de tudo, ampliar o foco do ódio por parte de judias e judeus a fim de abarcar todo o processo que culminou nessa operação: a longa história de violência estatal perpetrada contra o povo palestino, as condições de vida insuportáveis em Gaza e as várias formas que a nova Nakba está assumindo. Nesse momento, devo fazer algumas observações de autocrítica. Embora tenha mencionado em 10 de outubro o ataque potencialmente genocida que ameaçava atingir palestinas e palestinos, esse foi um aspecto completamente marginal e sucinto do meu texto, e com base nisso concluí rapidamente que era necessário colocar essa questão no centro de todas as minhas intervenções posteriores. Obviamente, deveria ter aguardado para escrever um artigo como esse, pois ele logo ficou obsoleto por causa da brutal campanha de massacres contra palestinas e palestinos, que se tornou totalmente insuportável para qualquer pessoa que ainda estivesse disposta a encarar a realidade. Esse texto não conseguiu abordar de modo adequado a história do sofrimento e da resistência do povo palestino, e aí está sua limitação manifesta, seu erro. Ele era direcionado à comunidade judaica na qual nasci e fui criada, uma comunidade preocupada exclusivamente com as vidas judaicas, que seria capaz de justificar qualquer destruição de vidas palestinas em termos de uma expansão falaciosa do conceito de legítima defesa israelense. Na verdade, o que eu pedia a essas pessoas era que elas não participassem dessa lógica mortífera. No artigo, eu deveria ter explicitado que estava falando diretamente com elas.

Acredito que tal abordagem, embora tenha sido mal expressa, mal compreendida ou sobrepujada por um contexto horripilante, encontrou seu lugar na discussão porque, como disse antes, o ataque à liberdade de expressão visa justamente tornar esse posicionamento impossível: falar como judia, a partir do ódio por parte de judias e judeus após o 7 de outubro, a fim de direcionar esse sentimento contra uma violência sistêmica, colonial, constitutiva da forma de soberania reivindicada pelo Estado de Israel desde suas origens e pela preponderância do sionismo político.

Crítica à violência

Desse ponto de vista, minha crítica à violência não parte de um pacifismo idealista e não nos reduz à passividade. A crítica à violência é, antes de tudo, atitude descritiva: ela registra a violência das relações sociais e tenta analisar suas molas propulsoras, seus efeitos ligados à interdependência, suas dimensões sistêmicas e seu entrelaçamento com as relações de poder ligadas ao capitalismo, ao racismo e à opressão de gênero e de sexualidade. Embora ela não apoie todos os atos de resistência armada – e certamente não apoia aqueles que envolvem assassinatos contra uma população civil desarmada –, seu objetivo principal não é ditar aos povos em luta o que eles devem ou não fazer. Essa crítica visa encontrar as diretrizes, aqui e agora, para tornar este mundo habitável, garantir a igualdade entre as vidas passíveis de luto e avançar na direção de uma política de paz, destacando que, ao lado das formas de luta mais espetaculares e militarizadas, a resistência pressupõe sempre uma rede de solidariedade, laços afetivos, gestos de desobediência, greves, boicotes etc. Quero destacar as capacidades transformadoras das ações não violentas, da necessidade de um tipo de trabalho de não violência, semelhante ao que Freud poderia falar sobre um "trabalho de cultura" e um "trabalho de luto", para que a justiça prevaleça.

Portanto, contra aquelas e aqueles que acreditam que a luta armada sob a liderança do Hamas é a única forma possível de resistência para palestinas e palestinos, insisto em dizer que a não violência não é sinônimo de passividade. A campanha Boicote, Desinvestimento e Sanções (BDS) foi concebida precisamente como uma luta não violenta contra Israel – enquanto

Estado responsável por um *apartheid* –, luta que pleiteia sanções específicas, incluindo embargos militares e de segurança.

Se tais medidas fossem tomadas, elas poderiam ter efeitos consideráveis, como ocorreu na África do Sul. Exigir que os Estados responsabilizem Israel perante a justiça internacional não significa passividade, mesmo que tal demanda atualmente pareça apenas um desejo impossível. Como escrevi em meu livro *A força da não violência*,[3] a não violência não é um princípio absoluto nem uma receita simples para saber o que fazer em cada situação. É uma perspectiva fundamentalmente fora das coordenadas estabelecidas pela guerra, guiada pela hipótese, por mais improvável que pareça, de um mundo livre dos ataques brutais realizados pelos Estados Unidos, seja diretamente, seja por meio de apoio ativo a seus aliados europeus. Muitas pessoas que apoiam a Palestina, mas se recusam a apoiar o Hamas, podem muito bem concordar com a liberdade acadêmica, o direito de expressar apoio político à Palestina ou ao BDS, e o direito de acompanhar um debate aberto sobre o tema do sionismo ou sobre o desastre político de assimilar o antissionismo ao antissemitismo. Deveríamos exigir que nossos representantes políticos locais, nacionais e internacionais se pronunciassem corajosamente em favor da vida e da liberdade palestinas, que organizações religiosas adotassem posições de princípio contra as matanças e exigissem o cessar-fogo permanente, além de apoiarem as organizações humanitárias que não temem se posicionar contra o genocídio. Por fim, é necessário insistir para que as bibliotecas e livrarias ofereçam obras

---

3 Ed. bras.: Butler, Judith. *A força da não violência*: um vínculo ético-político. Trad. Heci Regina Candiani. São Paulo: Boitempo, 2021. (N. T.)

de autoras(es), poetas, ensaístas, artistas e historiadoras(es) palestinas(os), e devemos ler essas obras, além de ver filmes e obras de arte, especialmente aqueles que foram censurados.

O poder da narrativa

De fato, as estatísticas, embora sejam decisivas para documentar a extensão das vidas perdidas e destruídas, bem como para descrever a parte quantificável da catástrofe, não conseguem transmitir a realidade do horror contínuo e da perda sofrida pela população. As famosas palavras de Refaat Alareer – "Se eu devo morrer, que disso se faça uma fábula" – fazem sobreviventes se sentirem na obrigação de contar a história da própria morte: uma narrativa dentre tantas que pode sobreviver e, assim, pertencer não apenas a amigas e amigos, estudantes e familiares, mas ao mundo todo. Uma "fábula" desse tipo pode ser o relato jornalístico de como o ataque aéreo destruiu a casa de sua irmã, tirando a vida dela e a do restante da família. Mas a história deve fazer mais do que uma crônica desse evento: ela deve narrar a vida, tornar-se uma história de sofrimento e desejo, de solidariedade, amizade e perseverança. "If I Must Die" ["Se eu devo morrer"] é um poema escrito alguns dias antes da morte do autor. O "eu" desse poema tornou-se o eco cheio de vida da voz perdida de Alareer. Essa fabulação poética ressoou em pelo menos doze idiomas nas semanas seguintes à sua morte. Ela também demonstra a qualidade pedagógica de seu autor, que ensinou jovens escritoras e escritores palestinas(os) sobre o poder da escrita e a necessidade de contarem uma história pública que possa ultrapassar os dados quantitativos visando transmitir a densidade da tristeza, do amor, da raiva e da esperança. Olhando para sua coletânea de 2014, *Gaza Writes Back* [*Gaza responde*], com base em textos reunidos após a Operação Chumbo Fundido, na qual mais de 1.400 palestinos perderam suas vidas, Alareer declarou:

> Na condição de palestino, fui criado ouvindo histórias. Guardar uma história para si mesmo é, a uma só vez, egoísta e traiçoeiro; as histórias existem para serem contadas e difundidas. Se eu deixasse uma história cair no esquecimento, estaria traindo minha herança, minha mãe, minha avó e minha pátria. Para mim, contar histórias é um dos ingredientes da *sumud* palestina, a perseverança.

Ele relata como ensinou a estudantes em suas aulas de redação que, após uma perda tão catastrófica, "há uma razão pela qual sobrevivemos: para contar nossas histórias de perda, de sobrevivência e de esperança". A história ganha corpo mediante o ato de contá-la, pois ela cria vínculos, torna-se parte do tecido de solidariedade que sobrevive e comemora a perda. Essas histórias, esses poemas, não são exatamente números: eles surgem de indivíduos que trabalham em seminários de escrita colaborativa, traduzindo textos para o inglês a fim de não apenas garantir que "o mundo" saiba o que aconteceu, mas também dar um sentido vivaz e detalhado do que significa continuar vivendo após a perda de uma vida, num espírito de perseverança e de resistência coletiva. Transmitir essas narrativas e agregar outras a elas, transmitir histórias das vítimas judias do sionismo, por exemplo,[4] contar aquelas sobre um judaísmo diaspórico, sobre

4 Shohat, *Le sionisme du point de vue de ses victimes juives*.

trajetórias de ativistas e intelectuais pós-sionistas, é direito de nós todas e todos, o direito mais imprescritível. E é justamente esse direito que a atual ofensiva à liberdade de expressão tenta anular. Mas, com relação às histórias, continuaremos a desenvolvê-las, transmiti-las e mantê-las vivas coletivamente.

Referências

AZOULAY, Ariella Aïsha. *Potential History*: Unlearning Imperialism. New York: Verso Books, 2019.

BUTLER, Judith. Condamner la violence. *AOC*, 13 out. 2023. Disponível em: https://aoc.media/opinion/2023/10/12/condamner-la-violence/. Acesso em: 22 maio 2025.

SHOHAT, Ella. *Le sionisme du point de vue de ses victimes juives.* Paris: La Fabrique, 2006.

As ruínas devem ser habitadas para poderem ser reparadas

Ariella Aïsha Azoulay

Por que reescrever um texto algumas semanas depois de
publicá-lo?

Porque algo horrível está acontecendo na Palestina
e porque isso acontece conosco também, mais uma vez.
Quem somos *nós*? A humanidade.
O horror da Nakba se repete em nossas telas,
transmitido diretamente pelas vítimas, que também nos
enviam seus testemunhos.
Nem sabemos se elas ainda estão vivas
quando suas mensagens chegam até nós,
uma vez que o genocídio continua graças ao dinheiro e às armas
que os Estados Unidos e a Europa continuam a enviar para
Israel,
para repetir 1948.

Em um desses testemunhos, um palestino chamado Nizar escreve
do coração desses crimes contra a humanidade
que estão inscritos em seus corpos:
"Sentimo-nos muito próximos da morte aqui em Gaza,
sentimos a morte a cada segundo. Sentimos o cheiro da morte em todos os lugares".
Ainda não sei se Nizar conseguiu proteger seus filhos após ter descrito
quão difícil é olhar nos olhos deles:
"Tudo o que vemos é medo e lágrimas, você pode muito bem sentir
que não é capaz de protegê-los nem de salvá-los".

Sabendo muito bem que os projetos de extermínio dos nazistas
inscritos nos corpos de judeus, ciganos, *queers* e vários outros
infelizmente não seriam os últimos, Hannah Arendt foi a Jerusalém
para assistir ao julgamento de Eichmann, e nos forneceu um relatório detalhado
para jamais esquecermos o princípio dos crimes contra a humanidade,
os mesmos crimes que esse tribunal fracassou em enunciar claramente em 1961.

Esses crimes estão inscritos nos corpos de suas vítimas.
E, assim que esses grupos racializados são tomados como alvos,
são os próprios fundamentos de suas comunidades que estão sob ataque.

Figura 1 – Jornalistas palestinas. Ghalia Hamad escreveu na legenda: "Em nossos olhos, mil lágrimas e o coração apertado... Deveríamos ter nos reunido em nossas casas destruídas em vez de ficarmos sentadas impotentes vendo as crianças passarem diante de nós às dezenas".

Esses crimes colocam a comunidade em risco e enfraquecem sua lei.
Seja qual for a definição dessa comunidade – nação, Estado, aldeia, povo –,
a lei que está sendo enfraquecida é a da diversidade humana.
Esvaziar a Palestina de palestinas e de palestinos, e criar um Estado
para impedir seu retorno era um crime contra a humanidade.
Os responsáveis, aquelas e aqueles que o implementaram,
eram judias e judeus sionistas,

educados na Europa para se tornarem agentes coloniais.
Logo após a Segunda Guerra Mundial,
as potências imperiais euro-americanas entregaram a Palestina aos sionistas
por meio da voz da organização internacional
que elas criaram no final dessa guerra para ajudá-las a impor
uma *nova ordem mundial.*
A Palestina é de vocês, elas disseram, de acordo com a lei das Nações Unidas.
E, ao fazê-lo, designaram palestinas e palestinos
como corpos nos quais esses crimes contra a humanidade seriam inscritos.

Nas últimas semanas, um dos lugares de memória desses crimes,
Gaza, inventada em 1948 como uma "faixa", um pedaço estreito de território
onde 200 mil expulsos foram amontoados em oito campos de refugiados,
foi parcialmente varrido da face da terra.
Enquanto a memória desses crimes
e das vidas que palestinas e palestinos
haviam reconstruído em Gaza é arrasada,
a memória de uma nova Nakba está inscrita, tatuada
nos corpos de descendentes da Nakba de 1948
e de seus filhos.
E o governo do Estado de Israel, em uníssono
com os governos ocidentais, pretende nos fazer acreditar
que esse genocídio não está acontecendo.

Os crimes contra a humanidade não se definem pelo
sofrimento das vítimas,
por maiores que sejam.
O ataque assassino contra israelitas em 7 de outubro
foi um ato de resistência de palestinas e palestinos contra
"as mil mortes" que sofreram desde 1948.
Não devemos esquecer isso, mas podemos nos recusar a
justificar tal ataque,
e, no entanto, dizer tudo isso de novo, em voz alta, quando
esse ataque é utilizado
para justificar um crime contra a humanidade,
cujo objetivo é eliminar palestinas e palestinos
porque são palestinas, porque são palestinos,
e, nesse sentido, uma ameaça à soberania israelense,
que não os quer ali, a saber, em terra palestina.

Um genocídio se desenvolve em etapas
que podem ser longas e desconexas, ou bem rápidas e
emaranhadas:
expulsão, concentração, assassinato.
Essas etapas nem sempre ocorrem nessa ordem,
mas têm em comum o mesmo objetivo: eliminar um ou mais
grupos
a fim de inventar um povo ou um corpo político
livre da presença desses grupos.
Em retrospectiva, esse genocídio tem acontecido desde 1948,
e está enredado ao genocídio
inscrito nos corpos de judias e judeus; eles têm a mesma origem,
as tecnologias e os imaginários racialistas e colonizadores
euro-americanos.

Com isso, devemos lembrar
que o Estado de Israel também foi criado com o objetivo de eliminar judias e judeus,
de privá-los de sua longa história, de suas memórias indisciplinadas,
com o objetivo de fazê-los desaparecer sob uma nova categoria de judeus,
os israelenses.
Precisamos de uma "história potencial",[1]
para contrariar a disciplina da história
que considera o que foi perpetrado pela violência
como fato consumado, que não pode ser revertido.
A história potencial recusa considerar a partilha da Palestina,
estabelecida em 1947, como um fato consumado
(a primeira correspondendo ao Acordo de Sykes-Picot),
e Israel como seu futuro inevitável;
ela se recusa a esquecer o papel e os interesses da Europa e depois dos Estados Unidos
na formação desse projeto colonial e na sua perpetuação até hoje.

Fazer da Palestina uma questão foi o início de um projeto colonial.
Um lugar não pode ser transformado em uma questão a menos que os empreendedores do império
o desprezem enquanto mundo e nele vejam apenas recursos a serem extraídos.

---

1 Azoulay, Ariella Aïsha. *Potential History*: Unlearning Imperialism. New York: Verso Books, 2019.

Fazer de um povo uma questão, a "questão judaica", também era
o início de um projeto colonial.
Um povo não pode ser transformado em questão a menos que
empreendedores do império
obriguem as pessoas e comunidades ao seu redor a abandonarem
seus modos de vida enquanto começam a ser criadas
"soluções" para livrarem-se delas,
em benefício de seus próprios interesses.

Esse tipo de violência fundadora, que transforma um lugar ou
um povo
em questão, é muitas vezes soterrado por outras ondas de
violência,
com o objetivo de fazer as pessoas esquecerem
até mesmo aquelas e aqueles que foram colonizados pela
questão imperial,
que elas e eles não lutam somente contra os atuais
responsáveis, mas também
contra aqueles que, pelo uso da força, fizeram deles uma
questão ou uma solução.

Foi esse meu ponto de partida quando escrevi este texto em setembro.

Qualquer pessoa que fale sobre a *questão palestina*
deve começar dizendo primeiro quem ela é, quem ele é,
como essa questão impacta ela ou ele,
ou em que medida ela ou ele está implicado na manutenção
da Palestina
como uma questão imperial,
para a qual, por definição, existem apenas soluções imperiais.

Então, quem sou eu?
Sou uma judia palestina, uma espécie que hoje se encontra quase extinta.
E sou uma judia argelina, outra dessas espécies em vias de extinção.
Por que falar sobre extinção?
Porque os termos aparentemente tão inocentes como
liberdade, povo, nação, Estado-nação, direito internacional ou soberania
não são apenas conceitos, mas são também
tecnologias imperiais eurocristãs, que foram utilizadas para eliminar
identidades e formas de pertencimento
que eram vistas como obstáculos à invenção das nações modernas,
incluindo a nação judaica moderna,
nações que se baseiam na fantasia de um corpo político homogêneo,
que os aparelhos de Estado, do Estado-nação, precisam garantir.
Para criar, no final do século XVIII, uma nação judaica moderna,
a violência imperial abateu primeiro as comunidades judaicas,
comunidades que eram diferentes umas das outras
e dispersas ao redor do mundo,
para forçá-las a se reconhecerem nessa entidade fabricada:
uma entidade estranha às suas crenças, às suas práticas, às suas leis,
que nunca foram centralizadas nem homogêneas.
Foi assim que o problema judaico e sua "primeira solução" – a unificação – nasceram.
Esses esforços de unificação foram alcançados por meio da violência

da assimilação,
com o objetivo de eliminar judias e judeus, fazendo outra coisa delas e deles.
Esses esforços fracassaram porque judias e judeus permaneceram,
no imaginário europeu, como um problema.
Sionistas cristãos e organizações como
a Sociedade de Londres para a Promoção do Cristianismo entre os judeus,
que desde o início do século XIX tinha filiais na Palestina,
já haviam feito do lugar "uma questão"
e mobilizado o lugar especial da Palestina, de Sião,
no coração de judias e judeus, para eles servirem a um projeto político
que lhes atribuía um papel na concepção imperial cristã do mundo.

Figura 2 – Christ Church, a primeira igreja protestante em Jerusalém, 1845.

A assimilação estava vinculada à conversão e, após sua imposição,
muitas judias e muitos judeus na Europa – de quem se esperava
que se comportassem como cristãos leigos
e que só fossem judeus dentro de casa – se converteram e lideraram
essas missões na Palestina.

Essa igreja, fundada em Jerusalém no início da década de 1840, é um exemplo.
A maioria das histórias do sionismo negligencia o fato
de que, desde o início do século XIX, eram os
sionistas não judeus
da França, da Inglaterra e da Alemanha que desenvolveram
os primeiros planos de colonização da Palestina
por judias e judeus, que não eram benquistos na Europa,
a menos que se convertessem e cumprissem tal missão.
Foi só mais tarde, com o surgimento do racismo
contra judias e judeus
e com a expansão contagiosa da nação e do nacionalismo
(e das tecnologias violentas que impõem essa expansão), que o imaginário político
de um mundo organizado unicamente na forma de Estados-nação foi consolidado,
e que judias e judeus da Europa foram gradualmente treinados e encorajados
a mudarem-se para a Palestina e adotar esse projeto europeu –
um projeto que visava livrar-se deles – como seu projeto de libertação,
o que lhes permitiria, enfim, recuperar a dignidade humana,
que havia sido esmagada e ferida pela Europa.

Ao longo do século XX, a Europa continuou a buscar
soluções territoriais, ou seja, coloniais; lugares onde
judias e judeus poderiam ser transplantados:
Uganda, Madagascar, Theresienstadt,
até que, finalmente, a Palestina foi "escolhida".
No final da Primeira Guerra Mundial, a Palestina já estava
conquistada pela Europa, separada da Síria e distribuída
como um troféu
entre britânicos e franceses, em parte também para punir a
Alemanha.
Esses mesmos três países europeus foram responsáveis pela
invenção
dos diferentes judeus como povo judeu,
um povo que tinha a particularidade de não possuir terras.
Foi assim que a solução para o "problema judaico" começou a
ser entrelaçada
com a questão da Palestina.
Foi assim que a Palestina conseguiu tornar-se uma colônia,
um povoamento, melhor dizendo;
um projeto europeu confiado aos sionistas que acabaram por
participar
da "resolução" do problema que judeus e judias apresentavam
para a Europa
quando se ofereceram ao serviço da solução do grande medo
europeu,
levando à perda da Palestina para o bem daqueles e daquelas
que a habitavam,
que resistiam ao poder colonial e desafiaram as injustiças
cometidas contra eles.

Assim, um Estado-nação judaico "como todos os outros" poderia surgir.
e seus líderes poderiam passar por representantes
da população judaica mundial.
Foi no final da Segunda Guerra Mundial
que a colonização sionista da Palestina
emergiu como solução para outro problema:
a responsabilidade da Europa pelos crimes contra a humanidade
inscritos nos corpos de judias e judeus.
E, dessa maneira, a Europa, escapando à sua responsabilidade na criação
da "questão judaica" – para a qual o genocídio era uma das "soluções" –
e da "questão palestina",
conseguiu prometer a Palestina aos sionistas (não foi a primeira vez)
com a condição de que, dali em diante, palestinas e palestinos,
e, por extensão, árabes, muçulmanas e muçulmanos,
se tornassem seus inimigos, e que os sionistas liderassem a luta contra eles.
Desde a década de 1930, a Palestina também acolheu
refugiados vindos da Europa, a maioria dos quais não sionistas.
A oposição à criação de um Estado para judias e judeus na Palestina
era enorme entre aquelas e aqueles que viviam na região,
bem como nos países vizinhos,
incluindo judias e judeus que sempre viveram lá,

e que temiam que tal Estado acabasse com o mundo
judaico-muçulmano.
No entanto, esse Estado foi proclamado
e imediatamente reconhecido pela ONU, organização
internacional
criada pelas forças imperiais euro-americanas para lhes
permitir
preservar suas colônias em toda a África
e consolidar a "nova ordem mundial" que presidiam.
Nesse Estado-nação, a nacionalização da identidade de judias
e judeus
foi levada ao extremo.
O que essas tecnologias produziram foi uma forma de
nacionalidade
que os euro-sionistas mais tarde, mediante uso de poder,
impuseram
a crianças como eu, nascidas nas fábricas de humanos
que surgiram na colônia sionista da Palestina,
uma identidade nacional completamente fabricada:
israelenses de fé judaica.
É preciso dizer sem rodeios: tal identidade foi concebida
para impedir o retorno de palestinas e palestinos,
o retorno da Palestina,
e para se contrapor às histórias ricas e diversas das
comunidades judaicas,
muitas dos quais viviam em comunidades muçulmanas.

Ao reivindicar e incorporar essas identidades quase extintas,
de judia palestina e judia argelina, recuso-me a reconhecer-me
na identidade nacional "israelense"

que foi inventada com o objetivo de tornar impossível o
retorno da Palestina,
das palestinas e dos palestinos às suas terras, bem como
nosso retorno,
como judias e judeus, ao mundo dos nossos antepassados,
no qual pertencíamos a comunidades diversas.

Judias e judeus não tinham terras que a Europa pudesse
colonizar;
elas e eles tinham uma forte identidade de grupo
– o que Frantz Fanon denomina "resistência ontológica" –,
que elas e eles preservaram e transmitiram aos seus filhos
durante séculos
por meio de princípios, práticas e educação de cunho social e
espiritual.
A Europa procurou destruir e substituir essa identidade de
grupo
com suas próprias formas organizacionais, princípios, crenças
e tecnologias,
ou, para dizer sem rodeios, procurou colonizá-la.
A colonização em geral se concentra nas terras.
Judias e judeus, porém, não tinham terras,
e a Europa, então, fez de seus espíritos o objeto da
colonização
para destruir essa resistência ontológica da identidade
pelo secularismo da Europa, imperial e devorador, e para
dissolver
sua autonomia e seus princípios organizacionais próprios.
A colonização de judias e judeus, primeiro na Europa e
depois

no que é chamado Norte da África e no Oriente Médio,
visava e buscava destruir a diversidade das suas identidades,
das suas formas de pertencimento, das suas práticas, das suas crenças
e impor a todas e todos não apenas uma única lei mosaica codificada por Napoleão,
que desbastou a pluralidade das leis e práticas que elas e eles estimavam,
mas também o controle dos poderes coloniais do Estado moderno.

A Europa tinha um evidente interesse em associar as "soluções" do
"problema judaico" somente com os nazistas, para fazer desaparecer a origem
da "questão", a saber, a formação colonial da Europa do Iluminismo,
que forçou, por um lado, várias judias e vários judeus a se representarem
como membros de um mesmo povo – o povo judeu,
com uma história nacional unificada –, e, por outro lado,
a assimilação delas e deles ao espaço branco, cristão e secular do Estado moderno,
como cidadãs e cidadãos, como indivíduos e, mais tarde,
como nação conformada
a um modelo de Estado cristão, porém constituído para judeus e em nome deles.
Sem o apoio das potências imperiais euro-americanas,
o sionismo e o seu regime colonial na Palestina não teriam sobrevivido,

e outra formação política, que buscasse reparar as feridas e as injustiças
causadas pelo trágico projeto que é a colonização da Palestina,
poderia ter nascido há muito tempo.
Cada uma das soluções para a "questão judaica" e para a "questão palestina"
inventadas e apoiadas pelas potências euro-americanas
e pelas tecnologias imperiais
ocultaram o verdadeiro problema que produziu tais questões: a Europa
e o Ocidente em geral!

A ideia do sionismo nasceu como solução europeia
para as populações judaicas concebidas como problema,
além de ter servido para resolver a questão da Palestina.

O sinal de largada para a destruição da Palestina
foi dado pelas potências imperiais em 29 de novembro de 1947,
quando a ONU decidiu sobre a partilha da Palestina
contra a maioria de palestinas e palestinos
que habitavam a região, e contra judias e judeus do mundo inteiro
que não escolheram o caminho sionista.

No Cairo, em Bagdá, em Beirute e na Palestina, as pessoas manifestaram-se contra
a resolução da ONU sobre essa partição.

Elas já possuíam bastante conhecimento sobre o colonialismo europeu para saber

Figura 3 – Manifestação contra a partilha da Palestina, em Cairo, Bagdá e Beirute, dezembro de 1947 e janeiro de 1948.

que aquilo a que elas se opunham era a violência genocida
necessária para levar a cabo a partilha da Palestina.

Apenas nossa percepção embotada e nossas memórias dilaceradas
podem nos levar a crer que, em meio a essas multidões imensas,
não havia tantas judias e tantos judeus
cujas vidas, inseridas no coração dos mundos judaico e muçulmano então ameaçados,
estavam ligadas às lutas anticoloniais.

Eis o que Siril Shirizi, um dos fundadores da Liga Judaica Antissionista,
do Cairo, um grupo de ativistas judaico-árabes contrários à partilha, escreveu em 1947

(talvez ele estivesse entre os manifestantes fotografados no Cairo):

Homens judeus! Mulheres judias!
O sionismo quer nos lançar em uma aventura perigosa e sem esperança.
O sionismo contribui para tornar a Palestina inabitável.
O sionismo quer nos isolar do povo egípcio.
O sionismo é o inimigo dos judeus.
Abaixo o sionismo! Viva a fraternidade entre judeus e árabes!
Vida longa para o povo egípcio!

Figura 4 – Jerusalém, Palestina, dezembro de 1947.

Essas são as últimas imagens fotográficas do mundo
que o colonialismo europeu e sionista destruiu.
Judias e judeus já não podiam mais ser considerados
parte integrante de seus mundos ancestrais,

assim como palestinas e palestinos não podiam mais ser considerados
guardiãs e guardiões de seu país,
sem que, ao mesmo tempo, fossem concebidas(os) como uma ameaça
para habitantes judias e judeus da Palestina,
eles não podiam mais agir como sujeitos políticos contrários
a um projeto genocida imposto por uma minoria
e, nem mesmo, denunciar tal projeto.

Em todas as fotos posteriores tiradas nessa região, judeus e palestinos
são inimigos presumidos, ocupando posições
criadas para eles pela Europa e pelos Estados Unidos,
cujo papel nessa história genocida
deve ser reconhecido antes e depois do atual genocídio em Gaza,
para que a descolonização possa ser imaginada desde o início,
desde o legado colonial das guerras napoleônicas, desde as cruzadas,
desde a expulsão de judeus e muçulmanos da Espanha.

Foi a partir desse momento que os sionistas
(que, até a criação do Estado, vinham principalmente da Europa)
ganharam influência sobre muitas judias e muitos judeus que não eram sionistas,
e as(os) colonizaram pela migração induzida e forçada do mundo judaico-muçulmano
do Norte da África e do Oriente Médio, e as(os) doutrinaram

a fim de as(os) tornar sionistas, e, agindo como seus
representantes,
garantiram que não poderiam atuar fora
do quadro determinado por sua violência; uma violência que
Walter Benjamin
descreveu como constitutiva da lei, imposta como a lei e cuja
preservação
requeria o exercício indefinido da violência, como podemos
ver atualmente.
A lei criada por essa violência estabeleceu uma guerra entre
"dois lados",
"dois lados" cuja criação, é claro, envolveu um dilúvio de
violência.
O objetivo da violência sionista, portanto, consiste em
solidificar e, ao mesmo tempo, manter
esses "dois lados" para que a palavra "palestino"
não designe mais um habitante da Palestina,
e sim o inimigo daquelas e daqueles que se tornaram
habitantes do Estado de Israel,
criado na Palestina para eliminar a Palestina.

É por isso que repito:
sou uma judia palestina que reivindica uma identidade
tornada ilegal.
Devemos lembrar que até a Segunda Guerra Mundial
o movimento sionista era anódino, ele atraía
poucas judias e poucos judeus no mundo.
Após a Segunda Guerra Mundial, a situação de judias e
judeus na Europa
precisou ser radicalmente transformada, embora

as tecnologias que os racializaram e os exterminaram, junto com muitos outros grupos,
tecnologias que deveriam ter sido abolidas,
foram de fato preservadas e protegidas pelo direito internacional.

Nazistas e judeus foram excepcionalizados para inocentar a Europa.

Em vez de abolir as tecnologias europeias que racializam,
o Ocidente "ofereceu" aos sionistas a criação de um Estado
equipado com todas as tecnologias imperiais
inventadas e implementadas pela Europa na América, na Ásia e na África.
Desde então, os sionistas, apoiados por aqueles que os sustentam,
falam para judias e judeus, e atuam em seu nome.
Isso não teria sido possível sem a transformação do Holocausto
em exemplo de sofrimento universal incomparável,
infligido por um inimigo excepcional e incomparável,
para dissipar semelhanças e continuidades
mediante tecnologias genocidas usadas não apenas por outras potências europeias
em suas colônias e em outros lugares, mas também pelo próprio Estado de Israel
contra palestinas e palestinos.

Com a criação do Estado de Israel, séculos de vida comum
entre judeus e muçulmanos foram destruídos, condenados ao esquecimento,

e até mesmo imaginá-los tornou-se algo difícil.
A destruição desse mundo não é coincidência, mas um crime
imperial.
Esse é o resultado da invenção das duas questões
entrelaçadas,
a "questão judaica" e a "questão palestina",
que fez da Palestina, das palestinas e dos palestinos
os inimigos de judias e judeus, e vice-versa.
Judias e judeus foram forçosamente associados aos sionistas
e ao povo judeu que os sionistas afirmavam representar;
e, dessa maneira, qualquer que tenha sido sua história,
até mesmo quando se opunham ao regime colonial na
Palestina,
judias e judeus tornaram-se inimigos de palestinas e
palestinos,
de árabes, de muçulmanas e muçulmanos.

Assim, uma tripla destruição foi a solução para essa dupla
questão:
a da Palestina, a da diversidade das comunidades judaicas
e a das comunidades judaico-muçulmanas ao redor do mundo.

Até hoje, essa tecnologia europeia de racialização,
exacerbada na sua variante norte-americana,
é usada para manter a divisão entre judeus e palestinos,
entre judeus e árabes, como se fossem categorias
mutuamente excludentes, e para apagar a memória
da existência de um mundo judaico-muçulmano,
ao mesmo tempo que fomenta a invenção de uma pretensa
"tradição judaico-cristã".

Após a Segunda Guerra Mundial,
a invenção dessa tradição permitiu à Europa reinventar-se
como salvadora dos judeus.
Ela determinou não apenas que tipo de pessoa as judias e os judeus poderiam se tornar,
mas também como elas e eles poderiam falar e agir neste mundo.
Judias e judeus foram forçados a assumir as atribuições dessa tradição,
sob pena de voltarem a ser um problema que a Europa deveria resolver.
Se, contudo, nos recusarmos a esquecê-lo, não veremos mais
a Palestina como uma zona de guerra onde se opõem apenas
israelenses e palestinos, e o nosso imaginário decolonial, ultrapassando isso,
irá incluir a descolonização do mundo fabricado
pelas potências euro-americanas.
O apoio ao Estado de Israel acordado pelas potências imperiais
em forma de dinheiro, armas e leis que proíbem as manifestações da verdade a ser dita
atesta, mais uma vez, que o interesse dessas potências
está em manter os israelenses no seu papel de mercenários do Ocidente
contra palestinos e palestinas, contra árabes,
contra muçulmanas e muçulmanos.
A era pós-Segunda Guerra Mundial não permitiu muitas escolhas para a dissonância
entre as judias e os judeus que não queriam
ir para Israel (sob a condição de assumir as atribuições dessa tradição

judaico-cristã, inventada para silenciá-las (os)
e forçá-las (os) a aceitar essa nova história inteiramente fabricada).
Tal dissonância pode ressoar hoje por meio do reavivamento de nossas tradições ancestrais,
pela recusa de nos reconhecermos em um poder de Estado e
pela reparação das ruínas desse mundo, a *tikkun olam*.[2]
A descolonização da Palestina no âmbito do regime colonial não é apenas
um projeto palestino, é também um projeto judaico.
Muitos de nós, judias e judeus da diáspora, estamos envolvidos nessa ação
em nossa busca para nos libertarmos do sionismo; uma luta que também implica
o reavivamento dos mundos judaicos ancestrais que precederam o sionismo
e que, após seu desaparecimento, ainda perdurarão por muito tempo.
Nós nos opomos ao amálgama entre israelenses e judeus,
entre Israel e o judaísmo,
um amálgama imposto a nós pelo discurso sionista,
apoiado por vários Estados ocidentais
que criminalizam as críticas a Israel, rotulando-as como antissemitismo,
e que tentam silenciar judias e judeus
que se recusam a apoiar o Estado de Israel.
Se o genocídio for iminente para qualquer regime colonial de povoamento,

2 Expressão em hebraico que significa *reparação do mundo*. (N. T.)

a descolonização também é iminente para esses regimes.
A descolonização pode ser violenta se as(os) israelenses
continuarem a negar às palestinas e aos palestinos
o direito à liberdade, à justiça e ao retorno;
ela pode ser bem dolorosa – mas também libertadora
para nós todas e todos – se as(os) israelenses
finalmente reconhecerem que palestinas e palestinos
não são seus inimigos e que é possível parar de agir
como os mercenários do Ocidente em sua guerra
contra os árabes e o islamismo no Oriente Médio,
e, localmente, contra palestinas e palestinos.
A liberdade da Palestina é também a liberdade de judias e judeus,
e, para alcançá-la, elas e eles devem libertar-se do regime colonial,
que lhes roubou a diversidade de suas histórias.

Nós, judias e judeus muçulmanas(os), judias e judeus cujos
ancestrais
foram arrancados de um mundo compartilhado com
muçulmanas e muçulmanos,
nos opomos à reorganização do mundo
desses projetos coloniais que nos impedem de viver
entre elas e eles, como os nossos
antepassados sempre fizeram.

Devemos nos libertar do terror europeu, desse terror sionista,
e trabalhar pela descolonização – e pela desnacionalização –
das populações judaicas,
a fim de voltarmos a ser um problema para a "nova ordem
mundial" euro-americana
e juntarmo-nos a outros grupos racializados pela Europa,

insubordinados à ordem racial global,
recusando incorporar os problemas ou as soluções
e reavivando um mundo judaico-muçulmano partilhado,
contra essa
nova ordem racial mundial, que é apenas mais uma solução
euro-americana
imposta como fim à Segunda Guerra Mundial.

Habitar o mundo judaico-muçulmano e deixá-lo florescer
é inseparável da descolonização da Palestina,
que não poderá ser reparada nem se tornar um verdadeiro
horizonte para a descolonização
a menos que, juntos, desmantelemos as tecnologias imperiais
que permitiram essa destruição; a menos que lutemos para abolir
as tecnologias europeias de racialização.

A descolonização da Palestina é inseparável
da descolonização de judias e judeus.

Apoiadoras e apoiadores da descolonização, não podemos
aspirar a uma solução
que prometeria transformar a Palestina em um Estado-nação
"moderno".
Devemos *retornar* ao que foi destruído, às ruínas e às
possibilidades
que exilamos como se pertencessem ao "passado".
Devemos reconstruir e ressuscitar tudo isso com e em nome de
todas aquelas e todos aqueles que foram colonizados e
expulsos,
com e em nome de seus e suas descendentes.

As ruínas devem ser habitadas antes de serem reparadas,
uma reparação lenta que dependerá de múltiplos e
diversos tipos de educação voltados para o cuidado e a
proteção
social, política e espiritual que foram destruídas pelas
tecnologias europeias
de violência e de direito colonial e internacional
fazendo que qualquer direito comum pré-colonial perdesse
legitimidade.
Essas são as diretrizes que outrora organizaram o mundo
judaico-muçulmano,
e elas podem ser revividas, continuadas e alteradas.

Essa dupla descolonização obriga-nos a *retornar* aos montes de
ruínas – das quais
muitas nem sequer foram mencionadas – e a habitá-las,
para reparar comunidades destruídas, para ressuscitar
a terra, para curar feridas,
para pedir perdão aos palestinos sem esperar sermos
perdoadas(os),
não para redimir aquelas e aqueles que cometeram crimes,
mas para efetivar a convicção da humanidade de que, na
Palestina, a descolonização
não pode acontecer nos termos genocidas euro-americanos,
de que, na Palestina, serão abolidas as leis racializantes do
império
que resultaram em tantos crimes contra a humanidade.
O retorno da Palestina como um lugar no
qual os crimes não são apagados por outros crimes.

O retorno da Palestina como um lugar onde chamamos e
invocamos
nossos vários antepassados para que nos orientem no
reavivamento das potencialidades
que eles viram ser destruídas, sabendo que era um erro
descrevê-las como (ultra)passadas.

Setembro-dezembro de 2023.

A resistível queda de Jeremy Corbyn

Sebastian Budgen

Jeremy Corbyn não é o tipo de personalidade que poderia ser acusada de elegância ou graça excessivas. Na verdade, sua aparência sempre desgrenhada tem sido motivo tanto de indignação disfarçada de sarcasmo – em meio aos seus adversários mais barulhentos – quanto de reações divertidas e afetuosas por parte de diversos de seus fãs. Para descrever Corbyn, um comentário malicioso poderia muito bem se referir ao retrato incisivo feito por George Orwell, em *O caminho para Wigan Pier*, dos *outsiders* da esquerda britânica que ele tanto detestava:

> Não acho que o socialista tenha algo essencial que deva sacrificar, mas certamente precisará se livrar de muitos dos acessórios. Um grande passo seria dado se o fedor da excentricidade inerente ao movimento socialista pudesse desaparecer. Ah, se pudéssemos empilhar e queimar as sandálias e as camisas cor de pistache, e depois mandar vegetarianos, abstêmios radicais e aduladores de

Jesus fazerem seus exercícios de ioga silenciosamente em Welwyn Garden City![1]

Se, de fato, Bernie Sanders encarna a figura do vovô hiperativo que todos adoram; Jean-Luc Mélenchon, a do tio falante e rabugento que observamos com olhar preocupado durante os tensos jantares de família, na expectativa da próxima gafe que possa estragar o ambiente; Corbyn, por sua vez, personifica toda a benevolência, a falta de jeito e o comportamento *cringe* da figura paterna pós-patriarcal, que cultiva sua horta e faz sua própria geleia vestindo calças de moletom com listras extravagantes.

Está claro que a ascensão de Corbyn à liderança do Partido Trabalhista em 2015, antes de ser resultado de uma estratégia bem conduzida ou uma fulgurante tomada de poder, parece muito mais uma progressão hesitante, como se ele tivesse chegado àquela posição por acaso, aos tropeços ou subindo penosamente do início da escada até o topo. Longe de ser acolhido com uma recepção calorosa pelos membros da casa, ele foi imediatamente percebido como um intruso ou um impostor digno do tratamento mais frio e inóspito, desde sua investidura até ser expulso como um corpo estranho em 2019.

Ninguém apostaria nele na corrida pela liderança do partido; nem ele mesmo. A nomeação de Corbyn como candidato da principal tendência de esquerda do partido, o quase moribundo Socialist Campaign Group [Grupo de Campanha Socialista], resultou de um processo de eliminação: com John McDonnell e Diane Abbott já indicados, coube a Corbyn

1 Orwell, *Le quai de Wigan*, parte 2, p.140.

aceitar o cargo por senso de responsabilidade e espírito de sacrifício. Esperava-se de um candidato de esquerda que encarasse uma batalha franca para ser derrotado com honra, como sempre, e simplesmente continuasse a carregar o estandarte durante a espera por dias melhores. De muitas maneiras, a escolha de Corbyn foi quase uma decisão por omissão, o que é confirmado pelo argumento frequentemente usado a seu favor: "As pessoas vão querer votar em Jeremy. Elas gostam dele, elas o respeitam. Ele é o cara mais simpático da política. Ele não tem nenhum inimigo". Tais palavras soariam ridículas atualmente por causa de todo o opróbrio que acabou sofrendo. Ele era visto como uma pessoa agradável, firme em suas convicções e, talvez, apenas um pouco ingênuo...

Em contraste com a imagem ultrapassada da esquerda trabalhista e seus sucessos do final da década de 1970 e início da de 1980 (representados, entre outros, por Tony Benn e Ken Livingstone),[2] no início do século XXI essa sensibilidade parecia muito frágil, desprezada e marginalizada pelos anos de Tony Blair (1994-2010) e pelo pós-*blairismo*. Até mesmo as inflexões à esquerda sob direção de Ed Miliband (2010-2015) – que derrotou seu irmão David, bajulador *blairista* – terminaram em derrota esmagadora diante do Partido Conservador, apesar das tentativas desesperadas de realinhar o Partido Trabalhista ao centro, endurecendo sua posição sobre imigração e assistência social, ao mesmo tempo que cortejava as sensibilidades conservadoras do Partido Trabalhista Azul ("Família, fé e bandeira") liderado por Jon Cruddas e lorde Maurice Glasman.

2 Para um estudo recente sobre a esquerda trabalhista, veja Beckett, *The Searchers*.

Red Ed – como os tabloides o apelidaram de forma inepta –, apesar de seu temperamento muito mais neurótico e *nerd* comparado ao irmão, mais cuidadoso e seguro de si, acabou parecendo, no final das contas, igualmente oportunista. Posteriormente, novos candidatos à liderança do partido surgiram em série, de Andy Burnham, o prefeito "moderado de esquerda" (mas, na verdade, muito centrista) de Manchester, à candidata irrelevante Yvette Cooper, passando pela tenente *blairista* (sem o brilho cintilante de uma estrela de TV) Liz Kendall; todos tomando muito cuidado para adequar seus discursos o máximo possível às normas do socialismo liberal erigidas como o horizonte intransponível do tom político no contexto do Partido Trabalhista.

Apesar da monotonia, os anos de Miliband deixaram três legados que marcariam os anos seguintes. Em primeiro lugar, e de modo decisivo no curto prazo, Miliband queria – quando declarou, para despistar os editoriais de direita, que estava "esticando o pescoço" na corrida contra o poder "tirânico" dos sindicatos – instituir uma série de mudanças no procedimento de nomeação de líderes do partido. Tradicionalmente, os líderes sindicais podiam dar vantagem a candidatos amplamente moderados e, durante décadas, ajudaram, de forma bastante intencional, a garantir um *modus vivendi* com a antiga direita do partido, afastando candidatos da esquerda, a menos que Michael Foot ou Neil Kinnock, por exemplo, estivessem envolvidos em uma corrida desenfreada para a direita. No entanto, os apoiadores do Novo Trabalhismo tinham o Partido Democrata estadunidense como modelo e prometeram enfraquecer permanentemente a influência dos sindicatos, o que esperavam conseguir dando mais peso ao grupo parlamentar e aos membros individuais, imaginados como um coletivo "serial" (de acordo com a descrição de Sartre para as multidões inteiramente atomizadas e sem subjetividade comum) capaz de garantir um teto de vidro para qualquer candidato(a) de esquerda que se destacasse da multidão. Aproveitando um escândalo midiático, mais ou menos orquestrado com estilo, envolvendo acusações de fraude eleitoral por sindicatos no distrito eleitoral escocês de Falkirk, a oeste de Edimburgo, Miliband optou por ir mais longe. Não contente em enfraquecer os sindicatos, ele teve a ideia de adotar o princípio das primárias cidadãs do Partido Socialista francês, de modo que qualquer pessoa que aceitasse pagar uma quantia simbólica (um euro em 2011 para o PS, e três libras em 2015 para o Partido Trabalhista) poderia participar do processo de designação como *membro registrado*.[3]

Num glorioso exemplo de justiça poética – e como um justo contragolpe –, esse plano maquiavélico, que visava inundar o partido com votantes atomizados e alinhados ao centro, voltou-se completamente contra seus idealizadores. Numa série de reviravoltas, das quais o relato detalhado já existe, uma campanha notável e combativa, liderada pela base, solidamente apoiada pela internet e pelas redes sociais, foi rapidamente posta em ordem de batalha, primeiro para pressionar o grupo parlamentar trabalhista para que Corbyn pudesse ser inserido

---

3 Para um relato vivaz da campanha de Corbyn, ver Nunns, *The Candidate*; para um contexto mais amplo, ver Seymour, *Corbyn*. De forma mais geral, recomendo os artigos de Thierry Labica no periódico virtual *Contretemps* e os de Daniel Finn no site da *Jacobin*, bem como o trabalho notável de Jamie Stern-Weiner também na *Jacobin* e em outros sites, especialmente seu *e-book*, *Antisemitism and the Labour Party*. Tenho muitas divergências com o livro de David Renton (*Labour's Antisemitism Crisis*), mas ele tem o mérito de propor perguntas importantes.

entre os candidatos – não necessariamente numa lógica de adesão, mas por motivo de preocupação com o pluralismo –, depois para fazê-lo subir ao topo das pesquisas de opinião. No período de apenas oito ou nove semanas, Corbyn deixou de ser o irrelevante perdedor barbudo da esquerda – reconhecido e respeitado na circunscrição de Islington e entre as equipes de campanha, mas quase não além disso – para se tornar símbolo de honestidade e integridade, a figura de alguém que permaneceu consistente em suas escolhas e seus valores políticos enquanto todos os outros se afundaram em diversos compromissos. Ele acabou ganhando a estatura de ídolo da juventude, um patrimônio dos ingleses, tornando-se objeto de *memes* e recebendo apelidos carinhosos ou músicas de apoio. Ridicularizado ou vilipendiado por jornais nacionais e formadores de opinião na televisão, além de escarnecido pela maior parte do aparato partidário, Corbyn foi a pedra angular de uma aliança de *millennials* desencantados, nostálgicos do "Velho Trabalhismo" e sindicalistas combativos (agora apoiados por um novo grupo de líderes sindicais que não mais considerava tóxico o relacionamento com a liderança do Partido Trabalhista, e sim aceitável ou desejável). Impulsionado por uma espécie de movimento social espontâneo, o patinho feio do Socialist Campaign Group humilhou seus oponentes com uma vitória triunfante: 59,5% (com uma pontuação esmagadora de 83% entre os membros registrados). Esse sucesso foi o caminho de salvação para um partido em grandes dificuldades – registou-se uma afluência de mais de 300 mil novos membros – e o início de uma série de iniciativas dinâmicas, como a da rede Momentum, que parecia possibilitar uma junção entre a política parlamentar e os movimentos sociais.

O segundo legado da era Miliband, que assumiu uma dimensão muito maior sob Corbyn, foi a reação às suas críticas – embora muito cautelosas – ao Estado de Israel. Em sua estratégia inicial de se posicionar à esquerda do *blairismo*, Miliband não apenas assumiu posições um pouco mais ofensivas acerca de questões sociais, econômicas e de direitos civis, como também tentou exorcizar o partido da herança desastrosa deixada pela participação entusiástica de Blair na Guerra do Iraque e por seu apoio inabalável a Israel. Em resposta aos ataques israelenses a Gaza em 2014, o líder trabalhista decidiu repudiar o governo conservador, que era favorável a essas operações militares, e apoiar uma moção contra o governo que havia sido proposta pelo próprio Corbyn. Por tal "audácia" – na verdade, uma crítica bem moderada por parte de um líder trabalhista judeu que se descreveu como "amigo de Israel" –, Miliband recebeu comentários mordazes de editores influentes, começando por Stephen Pollard, redator-chefe do *Jewish Chronicle*, que desempenhou um papel verdadeiramente tóxico no período que se seguiu. Naquele mesmo ano, o apoio à ideia de um Estado palestino foi a "gota d'água" para a atriz judia Maureen Lipman, que anunciou à grande mídia que renunciaria ao seu compromisso "vitalício" com o Partido Trabalhista.

Embora o Partido Trabalhista sempre tenha sido pró-Israel – exceto por algumas tensões até a crise do canal de Suez –, é verdade que o partido experimentou ondas de oposição ao sionismo e às políticas de Israel tanto nos anos 1970 quanto na década seguinte. Contudo, elas foram contidas e depois repelidas por Tony Blair, que era membro da organização Labour Friends of Israel [Amigos Trabalhistas de Israel] desde sua eleição como deputado em 1983.[4] Também deve ser notado que, sob Miliband, o "voto judeu" para o Partido Trabalhista estava em seu nível mais baixo, por volta de 13%.[5] Isso faz parte de um conjunto mais amplo de fenômenos que marcam uma mudança em direção aos conservadores na comunidade judaica

---

4 Como Jones e Oborne escreveram em "The pro-Israel lobby in Britain", *Open Democracy*: "Em relação a Israel e à Palestina, há uma lacuna histórica entre a política norte-americana, que é fortemente pró-Israel, e a de outros membros do Conselho de Segurança. Entre 1972 e 1997, inclusive, o Reino Unido e a França votaram da mesma maneira que a China e a União Soviética/Rússia, e contra os Estados Unidos, em quase 80% das resoluções relativas ao Oriente Médio. O governo trabalhista mudou sutilmente a abordagem britânica. Desde 2003, a França continuou votando da mesma maneira que a China e a Rússia, mas o Reino Unido se absteve em todas as resoluções sobre o Oriente Médio vetadas pelos Estados Unidos. Isso sugere crescente relutância em ser visto como alguém que contradiz as políticas norte-americanas e, por extensão, israelenses". Em uma comunicação pessoal, Jamie Stern-Weiner conseguiu explicar que, no âmbito das filiações, houve um aumento gradual, porém constante, na oposição a Israel após 1967. Nesse declínio de longo prazo no apoio a Israel entre os membros do Partido Trabalhista e a opinião liberal de esquerda em geral, 1982 e 1987 marcaram pontos de inflexão importantes, seguidos por 2006 e, em especial, 2008-2009 como o ponto alto. No entanto, sob o Novo Trabalhismo, essa visão dentro do partido não influenciou as políticas de seus líderes. É por isso que a questão de Israel vincula a política do partido à questão do Novo Trabalhismo e da democracia interna do partido, bem como à questão do atlantismo e da guerra contra o terrorismo. Sobre a história da relação entre o Partido Trabalhista e o sionismo, ver Kelemen, *The British Left and Zionism*.

5 Seymour, Labour's Antisemitism Affair, *Jacobin*. Foi uma queda de 30% em comparação com o tempo em que Gordon Brown liderou o partido. Os anos de Miliband, aqueles em que Stephen Pollard manteve uma posição de direita radical na *Jewish Chronicle*, parecem ter sido um momento crucial na recente formação identitária dos judeus do Reino Unido.

da Grã-Bretanha, que começou na década de 1980, quando o antissemitismo outrora aberto dos *tories* foi deixado de lado (ou varrido para debaixo do tapete) e Margaret Thatcher (apelidada por alguns cientistas políticos e jornalistas de "judia por adoção"[6]) assumiu posições fortemente pró-Israel, nomeou vários judeus para cargos importantes em seu governo (Keith Joseph, Nigel Lawson, David Young, Malcolm Rifkind e Leon Brittan) e estabeleceu laços fraternais com os setores mais reacionários da comunidade judaica (como o rabino-chefe Immanuel Jakobovits e Jonathan Sacks, que se tornou rabino-chefe em 1991).[7]

Um terceiro aspecto liga a época de Miliband e a de Corbyn. Desde a era Miliband, a questão do antissemitismo começou a pesar sobre o trabalhista, mesmo que o alvo ainda não fosse especificamente a ala esquerda do partido. Tons antissemitas são bastante perceptíveis se analisarmos os ataques do *Daily Mail* a Miliband, principalmente em referência ao seu pai, um importante intelectual da Nova Esquerda, descrito como um "marxista revolucionário", alimentado por um "ódio à Grã-Bretanha" e um "imenso rancor social contra seu país adotivo".[8] Com uma

6 Ver Philpot, *Margaret Thatcher, the Honorary Jew*.

7 Esses desenvolvimentos precisam ser relacionados às transformações sociológicas mais amplas que viram os judeus britânicos deixando bairros urbanos, como o East End de Londres, para se estabelecerem em subúrbios, e passando da classe trabalhadora para o nível dos trabalhadores independentes, aquele de proprietários de suas acomodações e o das classes médias superiores. Para uma discussão sobre a *conservatização* do voto judaico, ver Alderman, The Political Conservatism of the Jews in Britain. In: Medding (Ed.), *Studies in Contemporary Jewry, XI*.

8 Corbyn então defendeu Miliband na BBC. Ver "Jeremy Corbyn Defends Ed Miliband's Dad", disponível em https://www.youtube.com/watch?v=SQIiK31Rmdc; acesso em 27 maio 2025.

grosseria previsível, o *The Sun* poderia dedicar um artigo inteiro ao fato de Miliband ser incapaz de comer um sanduíche de bacon.[9] Essa maneira de caracterizar um líder político como judeu também lembra os "tropos antissemitas" (como os críticos de Corbyn acabaram denominando e como fazem os atuais críticos de Jean-Luc Mélenchon na França) de certos quadros dominantes do Partido Trabalhista durante os anos de Blair, o que, obviamente, não deu origem a nenhuma sanção.

O que enfureceu as elites políticas e midiáticas – sem mencionar as equipes de segurança e militar – em relação a Jeremy Corbyn não foi o entusiasmo avassalador de seus apoiadores – que se tornou mais generalizado e profundamente enraizado após o fracasso do golpe patético de Owen Smith –, nem seu retorno às políticas social-democratas de esquerda do início da década de 1980, nem mesmo sua contribuição aparentemente muito morna para a campanha do Brexit em 2016 (uma questão que o assombra há anos). Tudo isso foi, é claro, fonte de irritação para a maioria dos comentaristas do *mainstream*: os *corbynistas* foram repetidamente desacreditados ou tratados com condescendência, os avanços programáticos foram retratados como inerentemente irrealistas e o ceticismo do líder da oposição em relação à União Europeia, bem como sua recusa em apoiar o primeiro-ministro David Cameron, foram severamente condenados. O que parecia representar uma ameaça existencial ainda maior ao sistema político britânico, por meio de Corbyn, era a possibilidade de um governo de alternância liderado por um anti-imperialista, um internacionalista e

9 Ver Ed Miliband Bacon Sandwich Photograph. In: Wikipedia.

um crítico do sionismo.[10] Aí estava uma grande ruptura com o que havia acontecido antes, incluindo os anos em que o partido tinha uma linha ligeiramente de esquerda sob o comando de Michael Foot.

Nascido em 1949, filho de pais de classe média e de esquerda, Corbyn se politizou bem cedo durante seus estudos, juntando-se à campanha pelo desarmamento nuclear e opondo-se à Guerra do Vietnã. Após concluir os estudos, passou dois anos como voluntário na Jamaica e viajou pela América Latina numa época em que o Brasil ainda estava sob regime militar e o governo Allende havia acabado de assumir o poder. Essa experiência criou nele raízes profundas ligadas à dimensão internacional do seu radicalismo político.

Por não ter conseguido notas excelentes em seus exames, Corbyn não percorreu o caminho habitual das elites políticas que, após saírem das universidades mais prestigiadas, buscavam um mandato em Westminster após passarem pela City[11] ou encontravam postos lucrativos na área do direito. O início da carreira de Corbyn foi no sindicalismo. Tornou-se ativista de esquerda trabalhista e conselheiro municipal; em seguida, foi eleito, em 1983, membro do Parlamento pelo distrito eleitoral de Islington North e, sem nunca demonstrar qualquer

---

10 Numa comunicação privada, o pesquisador Jamie Stern-Weiner enfatizou que Israel e o sionismo não são pontos de clivagem ordinários na política britânica, porque o Reino Unido tem pouco interesse particular em defender o Oriente Médio. Porém, quando a pergunta retorna ao centro do debate britânico, trata-se de um ponto de condensação das questões em jogo e das maiores controvérsias ligadas à democracia, ao atlantismo e ao imperialismo.

11 Refere-se ao centro financeiro de Londres. (N. T.)

ambição por cargos mais altos, lá permanece até hoje (como independente) em um *shadow cabinet* [gabinete paralelo] ou em algum ministério.

A longo prazo, Corbyn construiu seu nome de maneira completamente diferente: nas campanhas que travou em nome de dezenas de movimentos, particularmente por causas impopulares e, muitas vezes, com uma lógica internacionalista. Durante décadas, pôde ser visto participando modestamente de pequenas reuniões públicas, coletando assinaturas em petições obscuras e apresentando moções tarde da noite para comissões parlamentares desertas. Assim, entre as grandes causas apoiadas por Corbyn, como figura da nova esquerda antiestalinista nas décadas de 1960 e 1970, podemos citar: o movimento contra o *apartheid* na África do Sul, o apoio ao Sinn Féin e ao nacionalismo irlandês, a luta dos habitantes das ilhas Chagos, os direitos humanos e sindicais na América Latina – aliás, sua esposa é mexicana, e ele fala espanhol, língua em que ele e Jean-Luc Mélenchon se comunicavam durante seus encontros –, a solidariedade com Cuba e Venezuela, as lutas contra a Guerra das Malvinas, contra a guerra no Oriente Médio (Iraque, Iêmen), no Afeganistão e nos Bálcãs, pela liberdade no Curdistão, na Papua Ocidental e, de modo crucial na época de sua nomeação como líder do Partido Trabalhista, na Palestina.[12] Na história política da Grã-Bretanha, nenhum líder, dentre os principais partidos, jamais assumiu posições críticas durante tão longo período, e com tanta consistência e radicalidade, contra todos os princípios e instituições do atlantismo e do imperialismo

12 Ver Eagleton, The Establishment Feared Corbyn's Internationalism, *Jacobin*.

britânico – incluindo a Organização do Tratado do Atlântico Norte (Otan) –, e nunca nenhum dirigente propôs uma política externa e um olhar sobre alianças geopolíticas que ameaçassem tanto quebrar – ou pelo menos enfraquecer, se levarmos em conta os retrocessos e compromissos com os quais ele acabou concordando – a ordem internacional estabelecida após a queda do Muro de Berlim, em 1991.

Tal criatura provou ser completamente indigesta para toda a classe política britânica e, desde o início, causou uma verdadeira náusea.[13] Os primeiros comentários sarcásticos contra a *corbynmania* começaram por sugerir que o Partido Trabalhista estava sendo assaltado por milhares de "trotskistas entrincheirados". Apesar das tentativas frustradas de purgar as listas de membros, essas campanhas acabaram se atenuando, pois os fatos não eram mais confiáveis. Outros comentários foram mais direcionados ao caráter atípico do novo líder da oposição e sua incapacidade de governar, mas parece que isso só o beneficiou – por causa da famosa simpatia britânica por excêntricos –, por ele já gozar de certo favor da opinião pública por seu estilo *normcore*. Tentativas mais sérias foram feitas para vincular Corbyn ao Exército Republicano Irlandês (IRA – Irish Republican Army), que tinha reputação de grupo terrorista, mas novamente isso acabou em malogro, pois a narrativa coletiva produzida pela grande mídia sobre o assunto já estava desaparecendo da memória popular. Quanto à teoria de que ele poderia

---

13 Um desses generais em serviço, de rosto vermelho, declarou ao *Sunday Times* que um motim poderia eclodir no exército porque "as pessoas usariam todos os meios, legais ou ilegais, para impedi-lo. Não se confia a um lunático a responsabilidade pela segurança do país".

ter sido um "espião tcheco" no passado, ela se desintegrou instantaneamente. Era necessário algo mais eficaz, mais perigoso, mais desagregador.

Logo no início, acusações de antissemitismo foram feitas contra o Partido Trabalhista. Em 2015, o *Daily Mail* afirmou que Corbyn havia comparecido às comemorações do massacre de Deir Yassin, iniciadas por um negacionista (informações sobre essa figura que Corbyn claramente não poderia ter na época em que se juntou ao coletivo). Outros artigos destacaram sua presença ao lado de um ativista palestino acusado de espalhar rumores antissemitas de "crime ritual" em discursos anti-israelenses, além de comentarem sobre sua visita à Tunísia em 2014 para prestar homenagem às vítimas dos bombardeios israelenses, alegando que ele também estava homenageando os túmulos próximos do comando Setembro Negro, responsável pelos atentados de Munique em 1972. Os anos seguintes também foram marcados por uma falsa controvérsia sobre pretensas provas de antissemitismo dentro do Oxford University Labour Club [Clube Trabalhista da Universidade de Oxford], alegações posteriormente rejeitadas por uma investigação[14] conduzida pelo partido.[15]

---

14 Ver Stern-Weiner, Labour's Compliance Unit: "No Case To Answer" On Oxford Antisemitism Allegations, *Jamie Stern-Weiner*.

15 Para adicionar uma dimensão absurda digna de Monty Python: no Socialist Fight [Luta Socialista], que era um nanogrupo trotskista, seu líder, um personagem estranho – sofrendo até de sério problema de saúde mental – cujas posições são tão confidenciais que somente os especialistas em seitas de extrema esquerda conhecem, foi expulso do Partido Trabalhista por causa de vários comentários com conotações antissemitas.

Mas uma nova sequência crucial começou em março de 2016, quando Jonathan Freedland, editor do *The Guardian* – e o mais lastimável dos burocratas de extremo centro que ocupam as colunas do jornal para garantir os padrões de respeitabilidade do discurso de esquerda –, reuniu esses vários dossiês, assim como um caso anterior à posse de Corbyn, no artigo "Labour and the Left Have an Antisemitism Problem" ["O Partido Trabalhista e a esquerda têm um problema de antissemitismo"]. A conclusão desse artigo deixou claro que torpedear Corbyn não seria mais um monopólio da imprensa conservadora e que isso se tornaria aceitável nos círculos trabalhistas convencionais:

> Graças a Corbyn, é verdade que o Partido Trabalhista está crescendo e atraindo ativistas de esquerda que não teriam ingressado ou que seriam indesejáveis para o partido. Entre essas pessoas, algumas não gostam de judeus. Dois deles foram expulsos, mas somente depois de terem sido reintegrados uma vez e de seus casos terem atraído a atenção de observadores externos de modo bastante desconfortável.
>
> A questão agora é saber se o Partido Trabalhista se importa com isso. Para aqueles que estão no comando, esse pode não ser o caso. Porém, trata-se de uma grande perda para a pequena comunidade que outrora via o Partido Trabalhista como seu lar natural, e que está chegando à amarga conclusão de que ele é agora um território hostil para os judeus.[16]

---

16 Freedland, Labour and the Left Have an Antisemitism Problem, *The Guardian*.

A partir daí, a cantiga antissemita do Partido Trabalhista foi reproduzida em todo o espectro da mídia, culminando no segmento altamente grosseiro e agora amplamente desacreditado do programa *Panorama*, da BBC, "O Partido Trabalhista é antissemita?", em 2019.[17]

Mesmo que o exercício seja um pouco cansativo, é necessário relembrar alguns episódios-chave dessa sequência.

Primeiro, houve o caso da parlamentar Naz Shah (que não é da esquerda do partido), quando ela compartilhou em suas redes sociais, em abril de 2016, um *meme* de Norman Finkelstein sugerindo a transferência do Estado de Israel para os Estados Unidos. Ela teve que se desculpar por isso. Ken Livingstone (ex-prefeito de Londres) disse mais tarde à BBC que ela havia sido rude, mas não antissemita. Ele, então, continuou de forma mais problemática: "Quando Hitler venceu sua eleição em 1932 [*sic*], sua política era enviar os judeus para Israel. Ele era a favor do sionismo antes de enlouquecer e, finalmente, massacrar 6 milhões de judeus".[18] Naquele momento, Corbyn tentava causar o mínimo de confusão possível e apenas respondeu a esse problema burocraticamente, suspendendo os dois parlamentares. Embora não fosse a hora mais oportuna para afirmar uma posição clara sobre a política israelense, a abstenção de Corbyn em fazer críticas substantivas deu força à linha contrária a ele de Freedland e seus consortes.

---

17 Schlosberg, BBC Panorama Investigation Into Labour Antisemitism Omitted Key Evidence and Parts of Labour's Response, *Novara Media*.

18 Livingstone, Annex 1: Response to the Themes that Ken Livingstone Has Been Adopting in his Discourse.

O artista estadunidense Mear One pintou um mural antissemita no leste de Londres, e o conselho de Tower Hamlets o apagou. Em uma postagem do artista no Facebook em 2012, lamentando que seu trabalho tivesse sido removido, Corbyn tolamente respondeu com o seguinte comentário: "Por quê? Você está em boa companhia. Rockerfeller [*sic*] mandou destruir um mural de Diego Viera [*sic*] porque mostrava uma representação de Lênin". O *Jewish Chronicle* abordou o assunto em 2015, mas ninguém repercutiu e Corbyn se recusou a explicar. Quando a parlamentar Luciana Berger, que era contrária a Corbyn, levantou a questão novamente em março de 2018, isso causou uma verdadeira tempestade na mídia. Corbyn teve que se desculpar e, pela primeira vez, foi alvo de acusações diretas de antissemitismo. Naquela época, quando o processo ainda estava em seus primórdios, Corbyn poderia ter tentado esclarecer sua posição e ganhar aprovação por meio de um discurso digno e solene, à maneira de um futuro chefe de Estado, sobre o antissemitismo, sua história e a política israelense. Em vez disso, vimos seu próprio braço direito, John McDonnell, lambendo as botas dos parlamentares trabalhistas de centro-direita, temendo uma cisão deles e abstendo-se de responder às calúnias vindas da direita de seu próprio partido.

Para além dessa acumulação de anedotas, são eloquentes os estudos sobre a cobertura midiática que se desdobrou em torno de Corbyn, em particular o ângulo escolhido pelo *The Guardian*, cujo público leitor é sem dúvida mais favorável ao Partido Trabalhista:

> Embora os militantes trabalhistas frequentemente critiquem a mídia de direita, os dados revelam que a mídia liberal foi a mais

veemente. De acordo com uma meta-análise da Media Reform Coalition sobre narrativas falsas acerca do Partido Trabalhista e de seu suposto antissemitismo, o *Guardian* e a BBC são responsáveis pelo maior número de erros factuais. As conclusões desse estudo são que, em proporção ao tempo de transmissão, "a BBC Television ainda tem a maior taxa de reportagens imprecisas".

Essa hostilidade persistiu ao longo do tempo. Pouco depois das eleições de 2019, dados extraídos do site do *Guardian* pelo especialista palestino em infográficos Ahmed Barclay mostraram que, entre 2015 e 2019, o jornal publicou 513 artigos rotulados como "antissemitismo" *e* "trabalhistas", mas apenas 62 rotulados como "antissemitismo" e "conservadores". Em 2014, nenhum artigo associou esses termos.

No livro *Bad News for Labour* [*Más notícias para o Partido Trabalhista*], um grupo de pesquisadores de mídia chegou a conclusões semelhantes. Greg Philo e Mike Berry encomendaram pesquisas e criaram grupos de trabalho para quantificar as percepções da opinião pública sobre a controvérsia acerca do antissemitismo dentro do Partido Trabalhista. Eles compararam as impressões do público em geral sobre a extensão do antissemitismo dentro do Partido Trabalhista (principalmente divulgado pela mídia) com a realidade dos números do antissemitismo publicados pelo próprio partido. [...] "Em média, os entrevistados acreditam que 34% dos membros do Partido Trabalhista foram alvo de queixas de antissemitismo", escrevem Philo e Berry. Na realidade, o número de queixas na época era inferior a 0,1% dos membros trabalhistas (453 queixas em um partido com mais de meio milhão de filiados). Em outras palavras, a opinião pública percebe 340 vezes mais queixas do que realmente houve. Outro estudo, publicado por pesquisadores da Universidade de Loughborough durante a campanha eleitoral de 2019, encontrou os mesmos resultados. Ele "indicou que a cobertura dos jornais era extremamente tendenciosa contra o Partido Trabalhista".[19]

Além da profecia autorrealizável anunciada pela exigente mídia liberal-progressista, pode-se dizer que certas instituições supostamente representativas da comunidade judaica desempenharam um papel particularmente nefasto durante esse período. Um exemplo notável é o *Jewish Chronicle* e seu editor-chefe Stephen Pollard, que não teve dificuldades em limpar as manchas de antissemitismo de figuras conservadoras do primeiro escalão. Pollard foi levado aos tribunais e considerado culpado de difamação em quatro casos, enquanto a Independent Press Standards Organisation [Organização de Padrões da Imprensa Independente] considerou "iniciar uma investigação sobre as regras da imprensa em relação ao *Jewish Chronicle* após 28 violações do código editorial". Contudo, nada disso conseguiu minar a determinação e o espírito de luta do *JC*. De fato, em julho de 2018, o *JC*, o *Jewish News* e o *Jewish Telegraph* publicaram a mesma primeira página, proclamando que um "governo liderado por Jeremy Corbyn seria uma ameaça existencial para os judeus deste país". Com cada acusação, a escalada verbal foi elevada a um nível mais alto, seja por parte das declarações de representantes da comunidade judaica, aquelas feitas por políticos de direita, seja, ainda, aquelas dos adversários de Corbyn dentro do Partido Trabalhista. Eis alguns exemplos dessa corrida levada à hipérbole e à calúnia:

19 Winstanley, *Weaponising Anti-Semitism*, p.263-264. Sobre a cobertura da mídia de um ponto de vista mais geral, ver Philo et al., *Bad News for Labour*.

Howard Jacobson, no *New York Times*: "quando um exército vingativo está em marcha, não há nada que possa fazê-lo recuar em sua febre assassina e autossatisfeita. Os delegados do Partido Trabalhista não são cavaleiros de cruzada, mas a sede por derramamento de sangue é evidente até mesmo em Brighton [a cidade onde o partido realizava sua convenção]".

Tony Parsons, no *The Sun*: "Não há interesse em ser judeu no Partido Trabalhista. [...] O Partido Trabalhista é um verdadeiro coquetel explosivo, povoado por odiadores, selvagens e raivosos. O tumor de antissemitismo que cresce nas entranhas rançosas do Partido Trabalhista veio à tona".

Stephen Pollard: o Partido Trabalhista "agora é o partido dos racistas e dos bandidos, no qual o ódio aos judeus é aplaudido".

Ministra Priti Patel: o Partido Trabalhista é "o partido mais antissemita [...] há várias gerações".

O ex-rabino-chefe Sacks: "Hoje, com a memória do Holocausto ainda fresca, e enquanto judeus são mortos em outras partes da Europa por serem judeus, há um antissemita à frente do Partido Trabalhista e da oposição oficial. É por isso que os judeus se sentem tão ameaçados pelo sr. Corbyn e seus apoiadores"; "as declarações de Jeremy Corbyn recentemente reveladas constituem o comentário mais escandaloso por parte de um político britânico desde o discurso de Enoch Powell sobre 'rios de sangue' em 1968".

Margaret Hodge: em julho de 2018, a deputada trabalhista e adversária de longa data de Corbyn chegou ao ponto de chamá-lo publicamente de "antissemita e racista de merda". Hodge foi suspensa e submetida a procedimentos internos, mas isso não a impediu de afirmar que tal situação a lembrava "de como os judeus se sentiam na Alemanha na década de 1930".

Simon Heffer: o colunista de direita declarou ao vivo pelo rádio, durante as eleições de 2019, que Corbyn queria "reabrir os portões de Auschwitz".

Dan Hodges, do *Mail on Sunday*: "o Partido Trabalhista DEVE matar Jezza, o Vampiro [apelido dado a Corbyn por seus detratores, lembrando que Jezza é um diminutivo de Jeremy]". Posteriormente, soldados em atividade no Exército Britânico se filmaram praticando tiro com um retrato de Corbyn como alvo.[20]

Mas o que provavelmente se mostrou ainda mais devastador para a ala *corbynista* da liderança foram as incessantes oposições e hostilidades contra ele *no interior* das instâncias trabalhistas. Além dos membros do Socialist Campaign Group e alguns aliados, o grupo parlamentar demonstrou uma atitude de absoluta malevolência em relação à nova equipe dirigente e muitas(os) deputadas(os) passaram seu tempo falando freneticamente com a mídia – oficial e não oficialmente – para sabotar a liderança em todos os momentos importantes. Tom Watson, o líder trabalhista de direita (embora não fosse um *blairista*) que foi eleito vice-presidente do partido ao mesmo tempo que Corbyn, foi um dos que não tolerou a nova equipe dirigente e usou toda sua influência em cada etapa crucial para tornar o caminho ainda mais íngreme do que já era. É claro que coletivos como os Labour Friends for Israel e o Jewish Labour Movement [Movimento Trabalhista Judaico] – cujos membros têm fortes laços com a embaixada israelense e as redes de *soft power* do Estado hebraico – agiram para estimular e agravar a chamada "crise do

20 Ver Winstanley, *Weaponising Anti-Semism*, p.9-10.

antissemitismo".[21] Entretanto, o verdadeiro perigo residia num nível mais profundo, na burocracia do partido, com consequências deletérias, em particular, no dossiê do antissemitismo. As situações já estavam claras desde o primeiro dia da nova equipe na sede do Partido Trabalhista:

> Os membros da equipe usaram preto no dia do resultado, em sinal de luto pelo partido que haviam perdido. Nada havia sido preparado para que o novo líder agisse imediatamente. O secretário de imprensa da campanha, James Mills, viu-se forçado a organizar uma série de entrevistas improvisadas com a imprensa. Nenhum carro havia sido reservado para transportar Corbyn pelas ruas lotadas. Quando Corbyn e Mills chegaram ao escritório do partido, em Brewers Green, logo após os resultados serem anunciados, foi como se tivessem chegado a um funeral. Mills lembra que "batatas fritas mofadas e algumas garrafas de vinho ruim" eram colocadas descuidadamente aqui e ali nas mesas. A atmosfera era "muito sombria, nada polida nem amigável". Um membro da equipe aproximou-se de Mills e disse: "Você vê

21 Deixo de lado a questão da real influência de pessoas direta ou indiretamente ligadas à política israelense da *hasbara*, porque essa dimensão muitas vezes tende a se tornar a árvore que esconde a floresta e pode levar a um deslizamento na direção de raciocínios que flertam com teorias da conspiração. No entanto, o livro de Winstanley, *Weaponising Anti-Semitism*, fornece alguns elementos interessantes, e recomendo fortemente o documentário da Al Jazeera, *The Lobby* (disponível em: https://www.aljazeera.com/program/investigations/2017/1/10/the-lobby-young-friends-of-israel-part-1; acesso em: 23 maio 2025). Ver também Winstanley, We "Slaughtered" Jeremy Corbyn, Says Israel Lobbyist, *The Electronic Intifada*; e, de um ponto de vista mais geral, Aked, *Friends of Israel*; e Pappe, *Lobby for Zionism on Both Sides of the Atlantic*.

os três dossiês aqui? É assim que o Partido Trabalhista funciona. Vejo você na segunda de manhã".[22]

Graças ao chamado "relatório vazado",[23] temos a confirmação do que muitos suspeitavam na época: a burocracia do partido era, *no mínimo*, inconsistente, para não dizer que o processo investigativo era deliberadamente sabotado ou que, às vezes, denúncias internas eram abandonadas e, assim, muitos antissemitas comprovados eram deixados à vontade, e outras vezes, ainda, processos com base em argumentos falaciosos ou absurdos eram iniciados. No relatório também consta que o ódio contra Corbyn adquiriu proporções tão grandes que se transformou em racismo aberto, em particular, contra a parlamentar negra Diane Abbott.

Richard Seymour resume todo o caso com sua acuidade habitual:

> No relatório, membros proeminentes da direita trabalhista são acusados de usar sua influência para impedir que casos de antissemitismo fossem abertos; para espalhar sistematicamente informações falsas sobre essas referências entre políticos, membros do Comitê Executivo Nacional e do conselho de administração; e, em alguns casos, para espalhar desinformação ao público em geral como *whistleblower*[24] no programa *Panorama*. Se ainda houver algum jornalismo genuíno nesse país, seria bom que ele demonstrasse

22 Nunns, *The Candidate*, p.304.

23 Imperdível: The Labour Files, *All Jazeera Investigations*; ver também JVL, It's Obvious that Labour's Antisemitism Problem was Overstated, *JVL – Jewish Voice for Labour*.

24 *Whistleblower*: literalmente, assoprador de apito. O termo poderia ser traduzido como "denunciante" ou "informante". (N. T.)

um pouco mais do que mero interesse passageiro em todo esse assunto. Não conheço nenhum partido que tenha limpado seus próprios estábulos de Augias de forma tão sistemática.

Os fatos – a esse respeito, o relatório está muito bem documentado – sugerem que centenas de denúncias foram ignoradas; que solicitações específicas receberam respostas aproximadas ou completamente falsas; que foram fornecidas informações errôneas sobre o encaminhamento das denúncias, o número de suspensões e as regras que pautaram essas decisões. Não será surpresa para ninguém que tais comportamentos foram resultado de manobras extremamente facciosas dentro do partido, que essas tendências operavam ativa e deliberadamente para garantir o fracasso do Partido Trabalhista; que essa dissidência alterou com grande brutalidade, até mesmo de forma insultuosa, opiniões sobre Corbyn, Abbott e outros; que era lugar-comum chamar de "trotskistas" quaisquer figuras trabalhistas que discordassem desses *blairistas* de fachada. Também já foi salientado que a comissão jurídica e de governança tem sido tão ativa em abrandar ou silenciar as denúncias contra membros da ala direita [...] como em dar seguimento a queixas infundadas contra membros da ala esquerda [...].

No entanto, sabotar denúncias por antissemitismo não é apenas algo malevolente, cínico, ou mesmo vil ou venal. Não se trata apenas de politização da política. O que é isso, então? É um jogo extremamente perverso, é o vício mais extremo. É uma atitude objetivamente antissemita. Que essas mesmas pessoas possam, em seguida, vir à tona como *whistleblower* [por exemplo, no documentário da BBC já mencionado] nada mais é do que uma *mise en abyme* de sociopatia.[25]

25 Seymour, Labour Right's antisemitism scandal.

É claro que qualquer burocracia teria dificuldade em lidar com a enorme onda de denúncias, muitas das quais eram infundadas, triviais ou não diziam respeito aos membros do partido. Por exemplo, uma única pessoa encaminhou 2 mil denúncias entre 2018 e 2020, paralisando completamente o sistema, enquanto, ao mesmo tempo, a mencionada Margaret Hodge acreditava ter identificado 111 supostos antissemitas, embora apenas vinte deles pertencessem ao Partido Trabalhista. O fato é que o aparato disfuncional e malévolo do partido agravou consideravelmente a situação.

A manobra foi tão falha e facciosa que deu origem a uma série de investigações e relatórios internos, os quais concluíram que, apesar de todas as disfunções, o partido não estava "gangrenado de antissemitismo por todo lado",[26] como havia sido alegado. Ela também levou a longas intervenções por parte do Comitê Executivo Nacional e do secretário-geral numa tentativa, sob constante escrutínio da mídia, de fazer as questões avançarem e evitar o congestionamento organizacional, sabendo que havia muitas outras frentes nas quais a oposição política precisava ser mantida.

Além disso, as demandas feitas à liderança do partido por indivíduos e organizações autoproclamadas como representantes da comunidade judaica não paravam de aumentar. O Jewish

---

26 A denúncia do Jewish Labour Movement à Comissão de Igualdade e Direitos Humanos alegou que havia um "fluxo contínuo" de antissemitismo "endêmico" no Partido Trabalhista, que "atitudes antissemitas são encontradas em todos os níveis do partido" e que "insultos antissemitas agora são lugares-comuns para judeus que desejam participar" das reuniões. Apud Jewish Voice for Labour, *How the EHRC Got It So Wrong*, cap.1, nota 4.

Labour Movement chegou ao ponto de exigir que o partido mudasse suas regras para permitir expulsões automáticas de membros acusados por "uma vítima ou qualquer outra pessoa"[27] de terem feito uma declaração antissemita, e depois reivindicou que o Partido Trabalhista concordasse integralmente com a definição de antissemitismo proposta pela Aliança Internacional para a Memória do Holocausto (IHRA – The International Holocaust Remembrance Alliance), cujos vários aspectos poderiam ser facilmente usados para proibir qualquer crítica legítima e rigorosa a Israel, apesar dos problemas comprovados do documento (o próprio Kenneth Stern, um de seus autores, reclamou de certos "usos indevidos" desse texto[28]). As redes sociais dos membros foram vasculhadas retrospectivamente, inclusive com o uso de algoritmos. A situação era tão absurda que muitos judeus da esquerda se tornaram alvos de processos por antissemitismo; ficou evidente que os membros judeus estavam super-representados entre as acusações de antissemitismo.

Essa onda interminável de demandas dirigidas ao Partido Trabalhista ocorreu no contexto de um ataque permanente à equipe de Corbyn e sem que quaisquer discussões ou reuniões

---

27 Winstanley, *Weaponising Anti-Semitism*, p.196.

28 Atualmente há muitas críticas a esse texto. Ver, por exemplo, Sedley, Defining Antisemitism, *London Review of Books*; Tomlinson, In the Matter of the Adoption and Potential Application of the International Holocaust Remembrance Alliance Working Definition of Anti--Semitism; Sedley et al. How Should Antisemitism Be Defined?, *The Guardian*; Weiner, *The Politics of a Definition*; Lerman, Weapons in the Labour Antisemitism Wars? In: Philo et al. (Org.), *Bad News for Labour*; Gould, *Erasing Palestine*. Ver também Foundation For Middle East Peace, Challenging the IHRA Definition of Antisemitism.

construtivas pudessem ocorrer. Len McCluskey, um aliado de Corbyn e líder do sindicato Unite, relembra com tristeza:

> Pedidos legítimos foram feitos, mas os atores envolvidos não quiseram ouvir a resposta positiva que lhes foi dada. Retomemos as queixas ponto por ponto:
>
> A comunidade judaica exigiu, com razão, que Corbyn se desculpasse pelas proposições inegavelmente antissemitas de alguns membros do Partido Trabalhista. Ele fez isso.
>
> Ela exigiu, legitimamente, que ele se desculpasse por algumas de suas ações, como quando pareceu apoiar um mural antissemita, o que pode ter ofendido involuntariamente membros da comunidade judaica. Ele fez isso.
>
> Ela exigiu que ele se comprometesse a garantir a segurança dos judeus e sua vida comunitária na Grã-Bretanha. Ele fez isso com a maior solenidade.
>
> A comunidade judaica queria que ele reconhecesse certa genealogia do antissemitismo atual dentro da esquerda. Ele fez isso em seu artigo no *Evening Standard*, em abril passado.
>
> Ela exigiu que o Partido Trabalhista mudasse suas regras para proibir explicitamente o antissemitismo. Isso foi feito sob a liderança de Corbyn no ano passado.
>
> Ela exigiu uma ação enérgica em vários casos aparentemente ligados ao antissemitismo. Três foram resolvidos, apenas um ainda está em andamento.
>
> A comunidade judaica reivindicou um tratamento mais rápido das denúncias contra membros do partido acusados de antissemitismo. Um número muito maior de denúncias foram processadas e equipes maiores foram mobilizadas para lidar com as que restam.

> Ela insistiu para que Jeremy Corbyn esclarecesse pessoalmente que qualquer ativista envolvido nesse tipo de injúria não pode fazê-lo em seu nome. Ele fez isso.
>
> Ela reivindicou que ele respondesse por todos os deputados e por outras pessoas que relatassem a situação e recebessem acusações de espalhar calúnias. Ele fez isso.
>
> E ele fez ainda mais. Corbyn reconheceu explicitamente o apego da maioria dos judeus britânicos a Israel e pediu a todos os apoiadores do Partido Trabalhista que demonstrassem mais empatia por uma comunidade que sofreu tanto em um período relativamente curto.
>
> Qual foi a resposta das instituições representativas da comunidade judaica a essa série de tentativas de aproximação, compreensão e ação? Hostilidade intransigente e recusa enraivecida em dialogar para dar continuidade às iniciativas já lançadas e resolver as dificuldades atuais.[29]

O círculo vicioso estava bem estabelecido: quanto mais essas demandas eram levadas em consideração, mais demandas surgiam, cada vez mais agressivas, e cada vez mais os ativistas *corbynistas* ficavam desiludidos e desmoralizados. Embora a liderança tenha a princípio combatido vigorosamente a ideia de antissemitismo estrutural no Partido Trabalhista, com o tempo

---

29 McCluskey, Corbyn Has Answered Concerns on Anti-Semitism, But Jewish Community Leaders Are Refusing to Take "Yes" for an Answer, *Huffington Post*. A linha de argumentação de McCluskey também deixou um gosto amargo na boca do público porque, para evitar o debate político, ele concordou em tratar esses censores profissionais – e muito alinhados à direita – como representantes autênticos da comunidade judaica, dando a impressão de que estava atacando os judeus.

ela começou a oscilar neuroticamente entre uma atitude de pura negação – revelando um desejo febril de ver o esgotamento da questão ou de que a narrativa da mídia fosse desviada para a questão do programa econômico e social – e recuos que prepararam o caminho para uma restrição ainda mais severa e que resultaria em mais desânimo. Seymour detalha muito bem os mecanismos psíquicos que presidiram a essa situação:

> Você está sendo acusado de algo grotesco, falso e injusto. Mas, como em toda boa calúnia, você é acusado de uma verdade séria o suficiente para ter que responder por ela. Se você se defende, se torna culpado porque está "em negação", "não está levando as coisas a sério", está "fugindo dos problemas reais". Se não se defende, é porque admite sua culpa. Se tentar dar nuances, mostrará ambiguidades ou duplicidade de discurso, e suas palavras se tornarão inaudíveis porque serão apresentadas como cacofônicas. Se pede desculpas, isso nunca é o suficiente, a atitude é sempre julgada como falso arrependimento, o que aliás confirma as acusações iniciais. Se não se desculpa, está demonstrando sua culpa. Se tomar alguma atitude, ela será insuficiente, suspeita ou provará que você era culpado o tempo todo. Se não fizer nada, você é um monstro. Essa é a lógica irracional do superego, operante em todos os exemplos históricos de julgamentos políticos ou de caça às bruxas [...].

Como mostrou Freud em *O mal-estar na cultura*, quanto mais cedemos ao superego, mais violentamente ele nos pune. Como diz Lacan, o superego é, ao mesmo tempo, a lei e sua destruição. A moral do superego é sempre "uma moral insensata, destrutiva, puramente opressiva, sempre intervindo em uma função que é literalmente, em relação ao registro da lei, quase antilegal". Infelizmente, a consequência de [...] negociar sob pressão e com um superego político [...] é que questões que deveriam ser tratadas pela razão e elementos factuais assumem um "caráter insensato, cego, de puro imperativo, de simples tirania".[30]

Com o tempo, as tropas de Corbyn bateram em retirada; de forma totalmente política e tornando-se dependentes de soluções burocráticas, recusavam-se a lidar com acusações de antissemitismo. Em parte, a responsabilidade disso pode ser atribuída ao próprio Corbyn: tendo sido um antirracista durante toda sua vida, com histórico impecável de trabalho em prol dos judeus em seu eleitorado e em outros lugares,[31] parece que ele se sentiu realmente ferido e desonrado pelas alegações

---

30 Lacan, *Séminaire I*, sessão de 10 mar. 1954 apud Seymour, Paralysis.

31 Como o conservador Alderman aponta em "Is Jeremy Corbyn Really Anti-semitic?", publicado em *The Spectator*: "O fato é que Corbyn tem um histórico impressionante de apoio a iniciativas da comunidade judaica. Por exemplo, ele apoiou recentemente os esforços de seus eleitores judeus para acelerar a distribuição de certidões de óbito nas casas funerárias do norte de Londres. Em 2015, participou de uma cerimônia em seu distrito eleitoral de Islington para comemorar a criação da sinagoga do norte de Londres. Em 2010, assinou uma moção privada com Diane Abbott solicitando ao governo britânico que facilitasse o assentamento de judeus iemenitas na Grã-Bretanha. E eu poderia preencher um artigo inteiro com as moções privadas assinadas por Corbyn desde que foi eleito pela primeira vez em Islington North, em 1983. Em 1987, a sinagoga de West London abordou o conselho de Islington com uma proposta chocante: vender seu cemitério original para incorporadores imobiliários, destruindo as lápides e transferindo os corpos que estavam lá. Esse cemitério, datado de 1840, não era apenas de grande interesse histórico e arquitetônico; de acordo com os judeus ortodoxos, a destruição deliberada de um cemitério é um sacrilégio. Quando o conselho de Islington concedeu a autorização, uma campanha liderada por judeus foi lançada e, posteriormente,

contra ele, e não conseguiu superar esse estado emocional a fim de se lançar numa contraofensiva genuína. Por mais sedutora que fosse a compostura de Corbyn e sua determinação em não ser "arrastado na lama" pelo linchamento da mídia e da política, o líder trabalhista só conseguiu resmungar platitudes contra o antissemitismo que não satisfizeram ninguém e, depois, adotar uma postura semelhante à de Cristo, aceitando com resignação cada nova onda de insultos lançada contra ele.[32] Para retomar o controle da situação, seria necessário lançar um contra-ataque vigoroso, denunciando firmemente a instrumentalização do antissemitismo para bloquear os debates sobre Israel e Palestina, combinado com um ambicioso trabalho de educação política com o partido, em todo o país, a fim de propor um enquadramento diferente da questão do antissemitismo, colocando-o em perspectiva com a ascensão da extrema direita e de todas as formas de racismo. Mas ele aparentemente não estava pronto para dar esse passo.

É preciso dizer que o Partido Trabalhista não estava na melhor posição para se permitir uma resposta tão ágil e firme. Como já observamos, a esquerda trabalhista encontrava-se em estado catatônico após o longo inverno *blairista*. Poucos

---

teve sucesso para anular a decisão. Eu fiz parte dessa campanha; Jeremy Corbyn também".

32 Outras atitudes de Corbyn foram igualmente negativas, como quando ele demonstrou muito nervosismo diante das perguntas de Andrew Neil, um jornalista mal-humorado que parecia estar entrevistando-o na BBC para a eleição nacional de 2019, ou quando ele respondeu com impaciência mal disfarçada em um debate televisionado com Boris Johnson, mas sem confrontá-lo politicamente, simplesmente repetindo secamente: "Eu cuido disso!".

quadros competentes conseguiram preparar membros mais jovens e novatos para o combate ideológico, e suas principais figuras, como Ken Livingstone e Jackie Walker, muitas vezes se mostraram desajeitadas e pouco eficazes, revelando uma séria falta de discernimento político. A extrema esquerda – que poderia ter fornecido batalhões para se envolver não apenas com os adversários, mas também com os apoiadores de Corbyn que haviam se rendido a uma forma de raciocínio conspiratório ou preguiçoso – estava ausente. A Tendência Militante havia abandonado sua longa e triste marcha em direção ao partido alguns anos antes (um de seus mais lamentáveis erros de juízo político), e o Socialist Workers Party [Partido Socialista dos Trabalhadores] também havia se afastado para lamber as feridas de sua própria crise interna dois anos antes.

No final das contas, os novos recrutas inexperientes da era Corbyn tiveram que improvisar como defensores fanáticos do partido no universo inflamado dos debates nas redes sociais, nas quais a adrenalina e o cérebro gastos a cada nova controvérsia ou confronto drenavam toda a energia necessária para construir espaços verdadeiros para elaborações políticas. A tentação de ceder às respostas simplistas e preguiçosas tornou-se irresistível: "não há nenhum caso comprovado de antissemitismo no Partido Trabalhista" (o que é ridículo, dadas as dezenas de milhares de pessoas que se filiaram sem nunca terem recebido formação política); "todas as acusações de antissemitismo vêm do '*lobby* pró-Israel' e são, por definição, falhas" (a implicação efetiva e a existência de indivíduos ou redes agindo como lobistas não nos permitem falar de uma "conspiração" ou de uma espécie de "guerra psicológica"); "os socialistas não podem ser antissemitas, uma vez que o antirracismo é parte integrante da sua própria tradição" (ignorando assim todas as genealogias reais do antissemitismo no movimento trabalhista britânico, desde suas origens até os dias atuais, e recusando-se a distinguir os "antissemitas" e o "antissemitismo" do ponto de vista conceitual); "todos os judeus na Grã-Bretanha são socialmente privilegiados, politicamente conservadores e, portanto, subservientes ao projeto sionista" (passando, portanto, ao largo de todas as diferenciações internas e hipostasiando as pessoas em nome do determinismo sociologizante mais grosseiro) etc.

Aqui, novamente, Richard Seymour fornece uma bússola impecável para iluminar essa transformação da política como uma partida de futebol, em que cada grupo de torcedores tenta gritar mais alto que o outro:

> Diante de tudo isso, não causa surpresa a impaciência com as acusações de antissemitismo nem a desconfiança reflexiva que ela desperta. Da mesma forma, o desprezo irritado por tais alegações entre alguns socialistas judeus reforça a confiança de ativistas de esquerda não judeus em adotar uma postura semelhante. No entanto, tal atitude não é construtiva para a esquerda, assim como não o é a firmeza política frequentemente apresentada de forma ostentatória. A postura defensiva deve dar lugar ao pensamento crítico. Num nível tático, quão eficaz é essa firmeza se ela regularmente leva a erros estratégicos, prejudicando assim aquele que a ostenta e os seus aliados? Se estamos avançando de cabeça baixa em direção ao muro da mídia hostil, qual o sentido de reclamar do "*lobby* pró-Israel"? E em que medida tais métodos são realmente eficazes para combater os defensores da política israelense?[33]

---

33 Seymour, Labour's Antisemitism Affair, *Jacobin*.

Tudo isso deveria resultar em paralisia política, estado de confusão e desmoralização, esgotamento das forças mobilizadas – e, por conseguinte, um Corbyn posto na fogueira –, esquerda metódica e burocraticamente destruída e página definitivamente virada pelo Partido Trabalhista. Só podemos esperar que a tragédia da guerra em Gaza não apenas dê lugar a um esclarecimento após o fato – para todos aqueles que ainda duvidam da verdadeira natureza da campanha de calúnias –, mas também nos faça entender o erro imperdoável de deixar uma massa politicamente inculta entregue a si mesma, sem planejamento nem orientação, sem apoio real nas instâncias dirigentes além de medidas burocráticas e capitulações.

As consequências da campanha contra Corbyn mostraram-se catastróficas. Elas foram marcadas, entre outras coisas, pela renúncia do antigo líder, sua suspensão e, enfim, sua exclusão do Partido Trabalhista; por sua incapacidade para fazer do Projeto Paz e Justiça algo mais que uma concha vazia; por uma onda ininterrupta de exclusões de ativistas de esquerda e antissionistas de todos os tipos, bem como pela tendência correlata à autocensura de vozes anteriormente dissidentes; pela consolidação de uma liderança de direita sob Keir Starmer (cujos planos relativos a Israel são virtualmente indistinguíveis daqueles dos conservadores) e pelo fortalecimento de posições globalmente conservadoras e pró-Israel em meio à comunidade judaica do Reino Unido. É por isso que a crescente minoria de judeus norte-americanos que acompanha uma tendência inversa constitui um fenômeno político saliente no contexto desse marasmo e da violência de guerra desencadeada em Gaza.

A atual população judaica nos Estados Unidos, que remonta aos imigrantes no final do século XIX, passou por diversos momentos de virada social e política. Vale a pena relembrá-los.[34] Após chegarem ao solo norte-americano, em geral falando em iídiche, sua cultura comunitária estava imbuída tanto de práticas religiosas tradicionais quanto de influências socialistas radicais, sindicalistas, *bundistas* e, depois, comunistas. O proletariado judeu foi a vanguarda do movimento trabalhista nos Estados Unidos, especialmente em Nova York. O sionismo fez parte dessas influências, porém, não como ideologia hegemônica: havia também uma poderosa tradição antissionista judaico-americana, bem como uma oposição vigorosa a algumas de suas versões mais odiosas e violentas. A criação do Estado de Israel em 1948, assim como a lenta, mas segura, ascensão social da comunidade judaica em direção a profissões de maior prestígio, a eliminação das barreiras de entrada na universidade e, em particular, nas escolas de medicina, tudo isso aliado ao acesso à moradia e ao emprego, fizeram que as instituições ligadas ao passado de imigrantes e operários do mundo judaico-americano fossem esvaziadas de seu significado em favor de um caldeirão cultural e ideológico, fortemente secularizado, que combinou americanismo, *liberalismo* e sionismo, entendidos como pilares de uma identidade judaica, estadunidense e de *classe média*.[35] Foi a guerra de 1967, travada no contexto da Guerra Fria, quando Israel se via associado ao mundo livre sob a hegemonia norte-americana, que reforçou esse vínculo identitário entre o mundo judaico-americano e

34 Para saber mais, ver Alterman, *We Are Not One*.

35 Leifer, *Tablets Shattered*.

o sionismo; vínculo que representava não apenas uma aliança geopolítica de circunstância, mas também uma incorporação simultânea dos valores liberais dos Estados Unidos e do imaginário israelense como ponta de lança do mundo livre no coração de um terceiro mundo não liberal tratado, pelo menos parcialmente, como vassalo pela União Soviética.[36] A Guerra do Yom Kippur, por sua vez, acrescentou a essas certezas identitárias um elemento de angústia existencial, envolvendo o resgate da memória da Shoah e a redefinição da oposição antissionista como expressão de um novo antissemitismo. Assim, o judaísmo norte-americano e o sionismo, nessa constelação ideológica, tornaram-se quase sinônimos, apesar do radicalismo herdado da década de 1960 e dos direitos civis.[37] Foi quando órgãos poderosos, como o Comitê Americano de Relações Públicas Israelenses (Aipac – American Israel Public Affairs Committee), começaram a desempenhar papel fundamental entre o governo estadunidense (especialmente sob Reagan) e os governos israelenses. Em retrospecto, um crescente núcleo com sensibilidade liberal em meio aos judeus estadunidenses (como Peter Beinart) atualmente olha para essa sequência com amargura, vislumbrando o momento em que instituições representativas – outrora enraizadas no sionismo trabalhista – confiscaram a voz da comunidade em benefício de uma direita ultraliberal e cristã evangélica.[38] Tal confisco foi particularmente notável na época do processo de paz lançado por Rabin, que a maioria dos judeus nos Estados Unidos poderia ter

36 Ibid.

37 Ibid.

38 Beinart, *The Crisis of Zionism*.

apoiado, mas que foi contestado por importantes órgãos representativos e grandes figuras pró-Israel.[39] No entanto, a mobilização foi ainda mais marcante quando, após 11 de setembro de 2001, esses mesmos representantes aderiram à agenda de George W. Bush, pedindo a invasão do Iraque e do Afeganistão; foi o caso, por exemplo, não apenas do Aipac, mas também do American Jewish Democratic Council [Conselho Democrata Judaico-Americano] e da Union for Reform Judaism [União para o Judaísmo Reformista].[40]

Assim, os anos seguintes assistiram à implementação de um contrafogo progressivo, primeiro com o movimento muito moderado J Street em 2008, embora esse sionismo liberal já não estivesse mais à altura das atrocidades cometidas em Gaza em 2008 e 2014. A unanimidade da posição judaico-americana "oficial" estava prestes a rachar, a princípio em 2014 com o movimento #IfNotNow, fundamentado na desobediência civil e na ação não violenta contra a guerra conduzida por Israel.[41] Entretanto, ainda mais interessante foi o retorno da organização Jewish Voice for Peace [JVC – Voz Judaica pela Paz], agora decisiva no terreno das mobilizações universitárias e cujo perfil foi gradualmente se distanciando de qualquer filiação ao sionismo. Inicialmente dominada pela esquerda de 1968, a JVP viu, sob Obama, suas fileiras crescerem com judeus – mais jovens – interessados em quebrar a junção identitária entre o judaísmo (muitos dos novos membros da década de 2010 eram religiosos e praticantes) e o sionismo mais agressivo, violento

39 Leifer, *Tablets Shattered.*
40 Ibid.
41 Ibid.

e pró-conservador.[42] A JVP é atualmente uma organização que afirma ter milhares de membros e se define oficialmente, desde 2019, como um grupo de judias e judeus antissionistas, e desde 2015, como apoiadora da plataforma Boicote, Desinvestimento e Sanções (BDS)[43] contra Israel. Nessa galáxia de movimentos – dos ativistas estudantis do #IfNotNow ao Jews for Racial and Economic Justice [Judeus pela Justiça Racial e Econômica], passando pelo antissionismo da JVP –, encontramos um caldeirão extremamente rico e diversificado que oferece espaço tanto para *outsiders* da comunidade (judeus *queer*, não brancos ou inter-religiosos) quanto para pessoas vinculadas ao legado do Bund ou às expressões atuais do pós-sionismo, do diasporismo etc.[44] Podemos, portanto, dizer que, diante do conluio cada vez mais insustentável entre o mundo judaico oficial e as correntes mais reacionárias do campo político estadunidense, uma nova geração – politizada pela era do Black Lives Matter [Vidas Pretas Importam] e pela chegada demolidora de um antissemitismo agressivo e bastante explícito da *alt-right* e do séquito de Donald Trump (então presidente do país), até o massacre na sinagoga de Pittsburgh em 2018 – resolveu considerar sua identidade judaica fora do prisma da direita e do nacionalismo norte-americano.[45]

---

42 Ibid.

43 Ver Kaplan, Gaza and the Rise of the Jewish Left, *Hammer and Hope*.

44 Ibid.

45 Leifer, *Tablets Shattered*. Ver também: Li, The Rise and Fall of Baby Boomer Zionism, *Hammer and Hope*; Blackmer, *Queering Anti-Zionism*; Hill; Plitnick, *Except for Palestine*; Feld, *The Threshold of Dissent*; Vilkomerson; Wise, *Solidarity Is the Political Version of Love*.

Tais evoluções, que só foram reforçadas pela violência sem precedentes da ofensiva israelense em Gaza após o 7 de outubro, agora são claramente visíveis nas pesquisas de opinião: podem ser observadas nas universidades e fazem parte da atual revolta interna do Partido Democrata entre as gerações mais jovens contra as diretrizes de Biden. Embora o *establishment* pró-Israel continue muito forte e as universidades tenham reprimido amplamente os movimentos nos *campi*, podemos dizer que esse novo grupo de ativistas judeus pela paz reflete um movimento social efetivo e será capaz de interferir seriamente no "raio paralisante" do antissemitismo no próprio coração da besta. Essa é, talvez, uma lição para a esquerda internacional, que não deixou de estar – como aconteceu com Corbyn, como vimos, mas também na França, mais recentemente, com Jean-Luc Mélenchon e a esquerda radical nas eleições europeias e legislativas de 2024 – sob os holofotes dos julgamentos de antissemitismo largamente instrumentalizados, e que não deixará de estar assim novamente. Se, por um lado, as identidades mais sedimentadas atualmente foram feitas pela história, por outro, elas também podem ser desfeitas pela história e pela dinâmica intrínseca das novas gerações que agora possuem um acervo de identificações emancipatórias já bem abastecido e cada vez mais legítimo.

Referências

AKED, Hil. *Friends of Israel*: The Backlash Against Palestine Solidarity. New York: Verso Books, 2023.

ALDERMAN, Geoffrey. Is Jeremy Corbyn Really Anti-Semitic? *The Spectator*, 8 maio 2019. Disponível em: https://www.spectator.

co.uk/article/is-jeremy-corbyn-really-anti-semitic/. Acesso em: 23 maio 2025.

ALDERMAN, Geoffrey. The Political Conservatism of the Jews in Britain. In: MEDDING, Peter Y. (Ed.). *Studies in Contemporary Jewry, XI*: Values, Interests, and Identity: Jews and Politics in a Changing World. Oxford: Oxford University Press, 1995.

ALTERMAN, Eric. *We Are Not One*: A History of America's Fight Over Israel. New York: Basic Books, 2022.

BECKETT, Andy. *The Searchers*: Five Rebels, Their Dream of a Different Britain, and Their Many Enemies. London: Penguin, 2024.

BEINART, Peter. *The Crisis of Zionism*. New York: Picador, 2013. *E-book*.

BLACKMER, Corinne E. *Queering Anti-Zionism*: Academic Freedom, LGBTQ Intellectuals, and Israel/Palestine Campus Activism. Detroit: Wayne State University Press, 2022.

EAGLETON, Oliver. The Establishment Feared Corbyn's Internationalism, *Jacobin*, 19 dez. 2021. Disponível em: https://jacobin.com/2021/12/left-internationalism-uk-labour-foreign-policy-brexit-corbynism. Acesso em: 22 maio 2025.

ED MILIBAND bacon sandwich photograph. In: WIKIPEDIA: The Free Encyclopedia. Disponível em: https://en.wikipedia.org/wiki/Ed_Miliband_bacon_sandwich_photograph. Acesso em: 22 maio 2025.

FELD, Marjorie N. *The Threshold of Dissent*: A History of American Jewish Critics of Zionism. New York: New York University Press, 2024.

FOUNDATION FOR MIDDLE EAST PEACE. Challenging the IHRA Definition of Antisemitism – Expert Views & Resources. *FMEP: Foundation for Middle East*. Disponível em: https://lawfare.fmep.org/resources/challenging-the-ihra-definition-of-antisemitism. Acesso em: 23 maio 2025.

FREEDLAND, Jonathan. Labour and the Left Have an Antisemitism Problem, *The Guardian*, 18 mar. 2016. Disponível em: https://www.theguardian.com/commentisfree/2016/mar/18/labour-antisemitism-jews-jeremy-corbyn. Acesso em: 22 maio 2025.

GOULD, Rebecca Ruth. *Erasing Palestine*: Free Speech and Palestinian Freedom. New York: Verso Books, 2023.

HILL, Marc Lamont; PLITNICK, Mitchell. *Except for Palestine*: The Limits of Progressive Politics. New York: New Press, 2022.

JEWISH VOICE FOR LABOUR. *How the EHRC Got It So Wrong*: Antisemitism and the Labour Party. New York: Verso Books [s.d.]. *E-book*. Disponível em: https://www.versobooks.com/en-gb/products/2915-how-the-ehrc-got-it-so-wrong. Acesso em: 23 maio 2025.

JONES, James; OBORNE, Peter. The pro-Israel lobby in Britain. *Open Democracy*, nov. 2009. Disponível em: https://www.opendemocracy.net/en/opendemocracyuk/pro-israel-lobby-in-britain-full-text/. Acesso em: 22 maio 2025.

JVL. It's Obvious that Labour's Antisemitism Problem was Overstated. *JVL – Jewish Voice for Labour*, 18 set. 2022. Disponível em: https://www.jewishvoiceforlabour.org.uk/article/its-obvious-that-laboursantisemitism-problem-was-overstated/. Acesso em: 23 maio 2025.

KAPLAN, Esther. Gaza and the Rise of the Jewish Left. *Hammer and Hope*, n.3, primavera 2024. Disponível em: https://hammerandhope.org/article/gaza-jewish-left. Acesso em: 23 maio 2025.

KELEMEN, Paul. *The British Left and Zionism*: History of a Divorce. Manchester: Manchester University Press, 2012.

LACAN, Jacques. *Séminaire I*: les écrits techniques de Freud. Paris: Seuil, 1975. [Ed. bras.: *O seminário, livro 1*: os escritos técnicos de Freud. Rio de Janeiro: Zahar, 1986.]

LEIFER, Joshua. *Tablets Shattered*: The End of An American Jewish Century and the Future of Jewish Life. New York: Penguin Random House, 2024. *E-book*.

LERMAN, Antony. Weapons in the Labour Antisemitism Wars? The IHRA Working Definition and the Accusation of "Institutional Antisemitism". In: PHILO, Greg et al. (Org.) *Bad News for Labour*: Antisemitism, the Party and Public Belief. London: Pluto Press, 2019.

LI, Darryl. The Rise and Fall of Baby Boomer Zionism. *Hammer and Hope*, n.3, primavera 2024. Disponível em: https://hammerandhope.org/article/boomer-zionism. Acesso em: 23 maio 2025.

LIVINGSTONE, Ken. Annex 1: Response to the Themes that Ken Livingstone Has Been Adopting in His Discourse. Disponível em: https://committees.parliament.uk/writtenevidence/68907/html. Acesso em: 22 maio 2025.

McCLUSKEY, Len. Corbyn Has Answered Concerns on Anti-Semitism, But Jewish Community Leaders Are Refusing to Take "Yes" for an Answer. *Huffington Post*, 16 ago. 2018. Disponível em: https://www.huffingtonpost.co.uk/entry/anti-semitism-labour_uk_5b7573dee4b0df9b093ccbc6. Acesso em: 23 maio 2025.

NUNNS, Alex. *The Candidate*: Jeremy Corbyn's Improbable Path to Power. New York: OR Books, 2016

ORWELL, George. *Le quai de Wigan*. Paris: Champ Libre, 1982. [Ed. bras.: *O caminho para Wigan Pier*. São Paulo: Companhia das Letras, 2010.]

PAPPE, Ilan. *Lobby for Zionism on Both Sides of the Atlantic*. London: Oneworld, 2024.

PHILO, Greg et al. (Org.). *Bad News for Labour*: Antisemitism, the Party and Public Belief. London: Pluto Press, 2019.

PHILPOT, Robert. *Margaret Thatcher, the Honorary Jew*: How Britain's Jews Shaped the Iron Lady and her Beliefs. Hull: Biteback, 2017.

RENTON, David. *Labour's Antisemitism Crisis*: What the Left Got Wrong and How to Learn From It. London: Routledge, 2022.

SCHLOSBERG, Justin. BBC Panorama Investigation Into Labour Antisemitism Omitted Key Evidence and Parts of Labour's Response. *Novara Media*, 22 jul. 2020. Disponível em: https://novaramedia.com/2020/07/22/bbc-panorama-investigation-into-labour-antisemitism-omitted-key-evidence-and-parts-of-labours-response. Acesso em: 22 maio 2025.

SEDLEY, Stephen et al. How Should Antisemitism Be Defined? *The Guardian*, 27 jul. 2018. Disponível em: https://www.theguardian.com/commentisfree/2018/jul/27/antisemitism-ihra-definition-jewish-writers. Acesso em: 23 maio 2025.

SEDLEY, Stephen. Defining Antisemitism. *London Review of Books*, v.39, n.9, 4 maio 2017. Disponível em: https://www.lrb.co.uk/

the-paper/v39/n09/stephen-sedley/defining-anti-semitism. Acesso em: 23 maio 2025.

SEYMOUR, Richard. *Corbyn*: The Strange Rebirth of Radical Politics. ed. atualizada. New York: Verso Books, 2017

______. Labour Right's antisemitism scandal. Disponível em: https://www.patreon.com/posts/labour-rights-35959482?. Acesso em: 23 maio 2025.

______. Labour's Antisemitism Affair. *Jacobin*, 4 jun. 2018. Disponível em: https://jacobin.com/2018/04/labour-party-jeremy-corbyn-antisemitism-jewdas. Acesso em: 23 maio 2025.

______. Paralysis. Disponível em: https://www.patreon.com/posts/paralysis-44072355?l=fr. Acesso em 23 maio 2025.

STERN-WEINER, Jamie. *Antisemitism and the Labour Party*. New York: Verso Books, 2019. Disponível em: https://www.versobooks.com/en-gb/products/2679-antisemitism-and-the-labour-party?srsltid=AfmBOor3QsNpWNx_K0QAB12UJfZ-J4MdzXPgqQ2agt7yyQ82S-7a8qiVN. Acesso em: 22 maio. 2025.

______. Labour's Compliance Unit: "No Case To Answer" On Oxford Antisemitism Allegations. *Jamie Stern-Weiner*, 12 mar. 2017. Disponível em: https://jamiesternweiner.wordpress.com/2017/03/12/labours-compliance-unit-no-case-to-answer-on-oxford-antisemitism-allegations. Acesso em: 22 maio 2025.

THE LABOUR FILES. *Al Jazeera Investigations*. Disponível em: https://www.ajiunit.com/investigation/the-labour-files/. Acesso em: 23 maio 2025.

THE LOBBY Part 1: Young Friends of Israel. *Al Jazeera*, 10 jan. 2017. Disponível em: https://www.aljazeera.com/program/investigations/2017/1/10/the-lobby-young-friends-of-israel-part-1. Acesso em: 23 maio 2025.

TOMLINSON, Hugh. In the Matter of the Adoption and Potential Application of the International Holocaust Remembrance Alliance Working Definition of Anti-Semitism. Disponível em: https://4aed78.n3cdn1.secureserver.net/wp-content/uploads/2017/03/TomlinsonGuidanceIHRA.pdf. Acesso em: 23 maio 2025.

VILKOMERSON, Rebecca; WISE, Rabbi Alissa. *Solidarity Is the Political Version of Love*: Lessons from Jewish Anti-Zionist Organizing. Chicago: Haymarket Books, 2024.

WEINER, Jamie Stern. The Politics of a Definition: How the IHRA Working Definition of Antisemitism Is Being Misrepresented. [S.l.]: Free Speech on Israel, 2021. Disponível em: https://freespeechonisrael.org.uk/wp-content/uploads/2021/04/The-Politics-of-a-Definition.pdf. Acesso em: 23 maio 2025.

WINSTANLEY, Asa. We "Slaughtered" Jeremy Corbyn, Says Israel Lobbyist. *The Electronic Intifada*, 10 jan. 2020. Disponível em: https://electronicintifada.net/blogs/asa-winstanley/we-slaughtered-jeremy-corbyn-says-israel-lobbyist. Acesso em: 23 maio 2025.

______. *Weaponising Anti-Semitism*: How the Israel Lobby Brought Down Jeremy Corbyn. New York: OR Books, 2023.

"Antifascismo dos imbecis": sobre a função da atual "caça às bruxas antissemitas" na Alemanha

Leandros Fischer

A acusação de "antissemitismo" é atualmente difundida na Alemanha com tanta liberalidade que fica difícil levar a sério a explicação baseada apenas na culpa em relação ao genocídio judeu. Não apenas os palestinos e seus apoiadores tiveram suas reuniões proibidas, seus prêmios revogados ou seus financiamentos retirados por se manifestarem contra os crimes terríveis cometidos ao longo de décadas pelo Estado sionista de Israel, mas também muitos judeus, incluindo judeus israelenses, sofreram o mesmo destino. A pressa da grande mídia alemã em "revelar" os "escândalos antissemitas", que quase sempre não passam de meras expressões de apoio à libertação da Palestina, não é somente absurda, ela também é perigosamente irresponsável, dado que, como em muitos outros países ao redor do mundo, o verdadeiro antissemitismo está novamente em ascensão na Alemanha. Como ilustra o ataque mortal à sinagoga em Halle, no leste do país, em 2019, a esmagadora maioria dos atos antissemitas na Alemanha são perpetrados pela extrema direita, que não apenas encontra-se cada vez mais armada e violenta, como ainda se sente legitimada pelos progressos eleitorais do partido neofascista Alternativa para a Alemanha (AfD). No entanto, ao ler jornais como *Der Spiegel* ou *Die Welt*, somos rapidamente levados a concluir que o antissemitismo é um fenômeno "importado" (entenda-se, pelos muçulmanos), ou um traço ideológico da esquerda radical, ou ainda uma combinação dessas duas coisas. O efeito indireto, embora previsível, dessa narrativa é a banalização do antissemitismo real, na exoneração dos alemães brancos de qualquer responsabilidade por sua persistência como fenômeno social.

Seria tedioso e fora de propósito enumerar aqui todos os casos em que pessoas – judias, palestinas ou outras – que criticaram o Estado de Israel e suas políticas foram acusadas de "antissemitismo" ou de "judeu que se odeia".[1] O absurdo dessas acusações tem sido objeto de intervenções – principalmente fora da Alemanha – há vários anos por parte de acadêmicos e jornalistas que deploram o desvio da *Erinnerungskultur*, a famosa "cultura da memória" alemã.[2] Este relato de um "alemão perdido" analisa a atual fabricação de uma "crise antissemita" como um projeto fundamentalmente nacionalista. Por um lado, tal projeto incorpora uma resistência à crescente penetração do discurso alemão por novas ideias (principalmente do mundo acadêmico de língua inglesa) que buscam ilustrar filiações entre

---

1 A expressão *jüdischer Selbsthass* nos remete ao livro *Der jüdische Selbsthaß* (1930), de Theodor Lessing, que examina casos de intelectuais judeus acusados de antissemitismo. (N. T.)

2 Para alguns exemplos, ver as intervenções de Moses, The German Catechism, *Geschichte der Gegenwart*; Dische-Becker, The German Question, *The Dig*; Kundnani, Zionism Über Alles, *Dissent Magazine*.

o colonialismo europeu e o genocídio judeu ou, mais genericamente, "descolonizar" epistemologias incontestáveis nas ciências sociais e nas humanidades. Por outro lado, procura disciplinar a crescente diversidade da sociedade e da vida política alemãs, diversidade que se tornou cada vez mais tangível desde o chamado "verão da migração" em 2015. Em sua etnografia, *Subcontractors of Guilt*, Esra Özyürek demonstra metodicamente o modo pelo qual o sistema educacional alemão inculca em estudantes "com antecedente migratório" (*Migrationshintergrund*) a capacidade de se sentirem culpados pelo genocídio judeu como pré-requisito para sua integração na sociedade alemã. E isso, apesar do fato de que esses alunos – para espanto de muitos professores – tendem a se identificar mais, por causa de sua própria experiência de racismo, com judeus perseguidos do que com opressores alemães durante visitas pedagógicas a antigos campos de concentração.[3]

Embora os detratores do "antiantissemitismo" alemão apontem corretamente o narcisismo nacional dos autoproclamados guardiões do discurso autorizado na Alemanha – como os "comissários para a vida judaica e a luta contra o antissemitismo", tanto em nível federal quanto no âmbito dos estados, que, não sendo judeus, não hesitam em rotular os judeus de "antissemitas" –, eles, no entanto, expressam uma crítica fundamentalmente liberal que, apesar de si mesma, perpetua o excepcionalismo alemão contra o qual ela se posiciona. De acordo com essas leituras, a história alemã moderna aparece de fato como um pêndulo que oscila constantemente entre as fantasias do antissemitismo e do filossemitismo.

3 Özyürek, *Subcontractors of Guilt*.

Implicitamente, a Alemanha é medida em relação à cultura liberal do debate no mundo anglófono (principalmente nos Estados Unidos), onde a crítica a Israel é possível, com o próprio discurso israelense (geralmente por meio do jornal liberal-sionista *Haaretz*) apresentado como exemplo do que é permitido em outros lugares, mas proibido na Alemanha. Quando o Bundestag[4] aprovou em 2019 uma resolução não vinculativa solicitando que instituições públicas não se associassem a grupos ou indivíduos ligados ao movimento Boicote, Desinvestimento e Sanções (BDS), uma coalizão de vinte instituições chamada Weltoffenheit ("abertura ao mundo") se formou para alertar sobre o risco de um isolamento acadêmico e cultural da Alemanha. Foi menos a solidariedade com os palestinos do que o medo de ficar para trás em relação aos desenvolvimentos intelectuais ocidentais que inspirou tal crítica. Em outras palavras, a Alemanha está particularmente retraída e deve "se abrir ao mundo", isto é, ao resto do Ocidente.

No entanto, parece completamente insensato pensar que a solução para escapar desse clima cultural sufocante seja tomar os Estados Unidos ou outros países como modelo. Há uma dimensão nacional evidente nessa histeria de censura *antiantissemita* sobre a Palestina. Mas ela tem equivalentes de intensidade comparável em outros lugares, seja na guerra francesa contra os estudos raciais críticos, na ridicularização de estudantes pró-palestinos em universidades da Ivy League nos Estados Unidos, nas tentativas de proibir boicotes a produtos israelenses em quase todos os lugares da União Europeia ou na exacerbação do racismo antimuçulmano na Grã-Bretanha de Rishi Sunak para

4 Parlamento alemão. (N. T.)

desacreditar os protestos em massa pró-palestinos. O racismo e a crescente repressão policial têm sido as principais respostas dos governos ocidentais à indignação geral suscitada pela campanha genocida de Israel em Gaza. O contexto global não se limita ao poder, com certeza significativo, embora frequentemente superestimado, de um *lobby* israelense muito real, mas inclui quatro coordenadas: a crise econômica de longo prazo, o racismo, a ascensão da extrema direita e a normalização do militarismo que se acelerou desde a invasão da Ucrânia pela Rússia em 2022.

Antissemitismo, filossemitismo, anticomunismo: uma simbiose histórica

A acusação de antissemitismo na Alemanha atual é de fato nacionalista e racista. Porém, sua especificidade também é intrinsecamente ligada a uma das características mais duradouras do Estado alemão moderno: o anticomunismo. Desde o nascimento do antissemitismo moderno no século XIX, a atitude hegemônica alemã em relação aos judeus – seja em sua forma antissemita *völkisch* que culminou em genocídio, sua variante filossemita direcionada a Israel durante a Guerra Fria ou sua atual expressão liberal e "pós-nacional" – sempre foi imbuída de ideologias antissocialistas, manifestas tanto na antiga construção do "bolchevismo judaico" quanto aquela mais recente do "antissemitismo de esquerda".

Essa relação decorre do caráter particular do antissemitismo, descrito por Benjamin Balthaser como uma forma de opressão mais institucional do que estrutural.[5] Com algumas

5 Balthaser, The Death and Life of the Jewish Century, *Boston Review*.

exceções, como durante a República de Weimar, com a imigração de judeus pobres da Europa oriental, o antissemitismo alemão não considerava os judeus como uma população excedente competindo com a classe trabalhadora alemã por empregos, mas como um elemento estrangeiro que ameaçava a saúde do corpo nacional por causa de sua super-representação historicamente determinada na cultura, na ciência e nas profissões liberais. O antissemitismo, portanto, não se traduziu estruturalmente na forma de discriminação socioeconômica contra os judeus, que em geral eram prósperos no século XIX, mas em uma forma institucional. A suspeita e a hostilidade em relação a eles eram características fundamentais de instituições como a Igreja protestante, o Estado prussiano, a classe de proprietários de terras *Junker* e, mais tarde, é claro, o fascismo alemão. A oposição mais forte a esse antissemitismo generalizado não veio dos liberais alemães, mas do movimento operário, no qual os judeus ocupavam posições importantes como pensadores e até mesmo líderes. A famosa frase de August Bebel caracterizando o antissemitismo como o "socialismo dos imbecis" não deveria ser interpretada como uma condenação moralista do ódio aos judeus, e sim um princípio estratégico que enfatizava a incompatibilidade fundamental entre o antissemitismo e os interesses da classe trabalhadora.

Após a Segunda Guerra Mundial e o Holocausto, o *establishment* da Alemanha Ocidental gradualmente aceitou os judeus, agora identificados com o Estado de Israel, no quadro de uma cruzada anticomunista global. Assim como nos Estados Unidos, onde, como Balthaser escreve, os judeus receberam sua "carta de membros da comunidade" após a Segunda Guerra, a integração dos judeus foi baseada no papel de Israel como posto avançado na luta mundial contra o comunismo e o nacionalismo econômico no Sul, mesmo que comportamentos antissemitas continuassem disseminados no interior das instituições da Alemanha Ocidental, repletas de ex-nazistas. O "reflorestamento"[6] de judeus na Alemanha com a reunificação e o êxodo judaico que se seguiu ao colapso da União Soviética levantaram novas questões, dessa vez com os políticos declarando o objetivo de "deixar a vida judaica florescer" novamente em solo alemão. Será que os judeus, assim como as crianças da geração *Gastarbeiter*[7] e outras, se tornariam uma das muitas comunidades que compunham uma Alemanha europeizada, globalizada e, portanto, mais aberta e culturalmente diversa?

Apesar de certo otimismo inicial, ficou claro que os responsáveis políticos decidiriam o contrário. Sob efeito de uma combinação de acontecimentos – o colapso do "processo de paz" de Oslo, a "guerra contra o terrorismo" no início dos anos 2000, a crise econômica e a ascensão da extrema direita –, o *establishment* começou a regimentar a vida judaica. Se a base da glorificação alemã de Israel durante a Guerra Fria foi o anticomunismo israelense, a aceitação da presença judaica no contexto atual depende da lealdade a Israel, pois, no imaginário alemão, foi a criação desse país – concebida unicamente como consequência do genocídio judeu – que redimiu a nação alemã. A existência dos palestinos, cuja comunidade alemã é a maior da Europa, e a dos judeus que se recusam a desempenhar o papel que lhes foi

---

6 Tzuberi, "Reforesting" Jews: The German State and the Construction of "New German Judaism", *Jewish Studies Quarterly*.

7 Refere-se aos imigrantes que foram trabalhar na Alemanha nos anos 1960/1970, estimulados por programa governamental. (N. E.)

atribuído destoam nesse cenário de redenção. Isso explica o tratamento particularmente virulento reservado aos intelectuais judeus críticos de Israel, como Judith Butler, Masha Gessen, Ilan Pappé e outros, sem mencionar a negação pura e simples da identidade palestina. Nem é preciso dizer que tal regulamentação pouco contribui no combate ao verdadeiro antissemitismo. Antissemitismo e filossemitismo são ideologias facilmente intercambiáveis que postulam uma alteridade radical dos judeus, que é capaz de projetar qualidades intrinsecamente negativas ou positivas. A extrema direita, com sua visão de mundo profundamente antissemita, aproveitou a oportunidade de ouro oferecida pelo clima atual e se declarou legitimada pelos apelos de figuras políticas tradicionais para "deportar em massa" "os antissemitas" (ou seja, muçulmanos e árabes), ao mesmo tempo que se protegia de acusações de antissemitismo por meio de solene deferência a Israel.

No entanto, há outro elemento a considerar que se torna bastante evidente se nos concentrarmos naqueles que, aos olhos do *establishment* alemão, representam a ameaça mais séria à vida judaica. As acusações de antissemitismo contra muçulmanos não são direcionadas apenas a eles, mas a um grupo que é esmagadoramente super-representado na classe trabalhadora alemã. Portanto, não é difícil perceber o caráter deliberadamente fragmentador das ideias que visavam demonizar os muçulmanos, apresentados como "antissemitas importados" contra os quais a "sociedade majoritária", transcendendo suas diferenças de classe, deve se unir para que as páginas mais sombrias da história não se repitam. Em novembro de 2023, num discurso televisionado de racismo teatral, mas celebrado pelos liberais alemães como um grande momento de eloquência, o ministro da Economia, Robert Habeck, fez questão de condicionar a integração da população muçulmana, então majoritariamente nativa, à sua adesão ao relacionamento especial da Alemanha com Israel. No início de 2024, quando foram revelados detalhes de uma reunião secreta entre neonazistas e autoridades do AfD sobre um projeto para deportar massivamente cidadãos de ascendência migrante, os liberais lotaram as ruas para protestar contra a extrema direita. Porém, as alegações antirracistas dessas manifestações em massa soaram vazias, pois em muitos casos os palestinos e seus apoiadores, que na esmagadora maioria pertencem a comunidades racializadas, foram verbalmente agredidos e expulsos desses atos.

De acordo com essa narrativa, as pessoas de esquerda que questionam o processo de redenção em torno de Israel e suas ramificações racistas são necessariamente "antissemitas de esquerda". Aos olhos dos fanáticos do *antiantissemitismo*, o projeto universalista da modernidade termina onde começa Israel, pois a criação desse Estado tem o valor de redenção após o Holocausto, um acontecimento tão único que se situa fora da história. Desse ponto de vista, é fácil reconhecer o caráter funcional da acusação de antissemitismo na Alemanha atual, que o marxista israelense Moshe Zuckermann já havia caracterizado em 2010 como um "instrumento de dominação" (*Herrschaftsinstrument*).[8] Como, então, podemos explicar que o caráter intrinsecamente hostil dessa acusação à esquerda e à classe trabalhadora tenha escapado à atenção daqueles que criticam a atual tendência da "cultura da memória" alemã? Muito provavelmente, isso não deixa de ter ligação com a urgência dos

8 Zuckermann, *"Antisemit!" Ein Vorwurf als Herrschaftsinstrument.*

antigos esquerdistas alemães, embora nem sempre a professassem, em participar desse cínico "teatro da redenção", bem como em assumir o papel de promotores, fazendo valer seu conhecimento íntimo da esquerda para destruí-la.

O sionismo e o quiproquó do nacionalismo alemão do pós-guerra

É particularmente difícil escrever sobre a acusação de antissemitismo na Alemanha porque ela tem várias origens sobrepostas. Em nosso mundo interconectado, acusações de antissemitismo se manifestam como sinergias entre três níveis distintos. Num primeiro nível, Israel e seus aliados sempre recorreram a essa acusação para desacreditar a luta palestina e seus defensores. A estratégia, que consistia em *nazificar* os árabes e transformá-los nos atuais antissemitas, serviu a Israel por décadas para vender suas políticas discriminatórias e expansionistas ao público ocidental em uma embalagem moral impecável vinda da Segunda Guerra Mundial. Como Peter Novick descreve em seu livro seminal, *The Holocaust in American Life* [*O Holocausto na vida americana*], esse processo assumiu uma magnitude particular quando Israel emergiu como um aliado-chave dos Estados Unidos após sua vitória esmagadora sobre o pan-arabismo em 1967, necessitando de justificação para o apoio sem precedentes dado a Tel-Aviv.[9]

Essas tentativas de rotular as críticas a Israel e o antissionismo como antissemitismo surgem periodicamente nos momentos em que a situação do Estado sionista não vai bem.

---

9 Novick, *The Holocaust in American Life*.

Embora a Segunda Intifada tenha assistido ao surgimento do conceito de "novo antissemitismo", segundo o qual Israel se tornou o principal fator de hostilidade contra os judeus, sucessivas operações militares contra Gaza desde a década de 2010, combinadas com o crescente sucesso da campanha global BDS, levaram, em muitos países, a tentativas de legalizar essa assimilação do antissionismo com o antissemitismo. Um passo importante nesse processo foi a adoção, por Estados e instituições, da definição de antissemitismo proposta pela Aliança Internacional para a Memória do Holocausto (IHRA), que – entre outras coisas – caracteriza como antissemitas as declarações que identificam o Estado de Israel como uma empresa racista.

Atualmente, dois dos mais proeminentes acusadores sionistas na Alemanha são Arye Shalicar e Ahmad Mansour. O primeiro é um ex-gângster berlinense de origem judaico-iraniana e que, mais tarde, se tornou porta-voz das Forças de Defesa de Israel (Tzahal) na Alemanha; o segundo é um cidadão israelense nascido na Palestina que se estabeleceu na Alemanha como psiquiatra e cujas declarações, nas quais a oposição palestina a Israel é reduzida a sintomas psicológicos de desajuste ou ao efeito da doutrinação antissemita em idade precoce, naturalmente se coadunam com as percepções liberais de *antiantissemitas*. Mais do que em qualquer outro lugar do Ocidente, os políticos alemães estão dispostos a aceitar as narrativas sionistas mais de direita sobre o conflito, a ponto de ser difícil dizer se Steffen Seibert é o embaixador alemão em Israel ou um membro do gabinete de guerra de Benjamin Netanyahu. Israel recentemente "retribuiu" tal generosidade, especialmente quando pensamos na famosa frase do primeiro-ministro israelense de que "Hitler não queria matar os judeus", mas que foi incitado a fazê-lo pelo infame mufti de Jerusalém na época, Haj Amin Al-Husseini.

Num segundo nível, há o já mencionado específico contexto alemão sobre a questão do antissemitismo. Não é exagero dizer que o antissemitismo tem sido elemento constitutivo do nacionalismo moderno da Alemanha, especialmente em sua forma "romântica", que se desenvolveu após o fracasso das revoluções democráticas de 1848, a vitória do absolutismo e a unificação nacional sob o domínio prussiano. A onipresença do antissemitismo na cultura alemã ao final do século XIX e início do século XX forneceu aos nazistas um arsenal discursivo pronto, no qual os judeus poderiam ser transformados em bodes expiatórios para todos os males da sociedade antes de serem excluídos dela, desumanizados e, enfim, exterminados.

O fim do fascismo levantou uma série de questões para o nacionalismo alemão. Os nazistas foram derrotados, mas a nação Alemanha continuou a existir. Como a existência da identidade nacional alemã poderia ser conciliada com a indignação despertada pelas atrocidades cometidas pelo nacionalismo alemão, começando pelo genocídio? Enquanto a Áustria convenientemente transferiu toda a responsabilidade pelos crimes nazistas para a Alemanha, a República Democrática Alemã (RDA) oficialmente colocou sua existência na tradição da revolução de 1848, da luta contra o absolutismo, do movimento dos trabalhadores e, depois, da resistência ao regime nazista. Na condição de herdeira legal do Terceiro Reich e com ex-nazistas em todos os níveis do aparato estatal, a República Federal da Alemanha (RFA), por outro lado, não teve vida fácil na tarefa de reabilitação. No contexto da Guerra Fria emergente, o país teve que construir legitimidade tanto aos olhos da "comunidade internacional", dominada pelo Ocidente, quanto internamente, em um clima marcado em parte por um antissemitismo residual, mas também por narrativas que retratavam a Alemanha como vítima, com base na experiência de expulsões em massa de alemães da Europa oriental e no bombardeio de cidades alemãs pelos Aliados.

As elites da Alemanha Ocidental resolveram cinicamente esse dilema em 1952, com o Acordo de Reparações, assinado em Luxemburgo entre o chanceler Konrad Adenauer e o primeiro-ministro israelense David Ben-Gurion. O enorme financiamento da Alemanha Ocidental ao jovem e autoproclamado Estado judeu oferecido como "reparação" pelo genocídio não visava apenas garantir o apoio de Israel a essa operação para construir uma "nova Alemanha" desvinculada do passado nazista. Ele também se encaixava na estratégia estadunidense de integrar a RFA como ator-chave do campo ocidental numa época em que as necessidades da Guerra Fria exigiam pôr fim à *desnazificação* dos aliados, ao mesmo tempo que amenizavam as objeções francesas ao rearmamento alemão. Sabe-se que Adenauer justificou o acordo para seu eleitorado democrata-cristão referindo-se ao "poder judaico" nos Estados Unidos e a sua suposta capacidade de influenciar a política do país em relação à Alemanha. Na oposição, os membros do Partido Social-Democrata (SPD) tinham suas próprias razões para apoiar o acordo. Além de sua proximidade com o sionismo trabalhista, o SPD chegou à conclusão de que seu nacionalismo fracassado foi um dos fatores que permitiram a ascensão dos nazistas. Por isso, ele regularmente acusava Adenauer de impedir a reunificação da Alemanha por meio de sua política de integração com o Ocidente, o que também o privava de seus redutos tradicionais na Alemanha Oriental.

Assim, e por diferentes razões, as duas principais forças políticas da Alemanha Ocidental tinham todo o interesse em absolver o nacionalismo alemão do antissemitismo, assimilando os judeus ao novo Estado de Israel. A influente Igreja protestante também forneceu justificativa teológica para tal política. Manchada por seus laços com o absolutismo prussiano e o nacionalismo *völkisch*, a Igreja agora argumentava que o nascimento de Israel era a prova de que esse Estado correspondia à vontade de Deus. Essas projeções acerca dos judeus e de Israel contribuíram para a lenta metamorfose do antissemitismo ordinário em um filossemitismo igualmente projetivo. Elas foram possíveis porque a Alemanha nazista praticamente exterminou as comunidades judaicas nativas, que fugiram do país na década de 1930 ou foram assassinadas em campos de extermínio. As últimas comunidades eram minúsculas e compostas principalmente por "pessoas deslocadas", vindas principalmente da Polônia, que em geral permaneciam muito discretas e levavam vidas precárias, sempre prontas para deixarem o país dos algozes. Ao mesmo tempo, o Acordo de Reparações era extremamente impopular em Israel, onde a antipatia pela Alemanha atravessava todo o espectro político, desde os "sionistas de esquerda" do Mapam até o partido de direita Herut. As relações germano-israelenses foram moldadas pelas necessidades geopolíticas ocidentais e por necessidades econômicas de Israel, com pouca ou nenhuma interação no nível social.

A atitude alemã em relação aos judeus também estava ligada ao anticomunismo oficial. A Alemanha Ocidental forneceu a Israel considerável assistência financeira na forma de "reparações", que eram essenciais para o desenvolvimento do Estado israelense, além de ajuda militar clandestina. Para figuras importantes do *establishment*, como Adenauer e Franz Josef Strauss, o apoio secreto a Israel, então aliado da França, era parte de um plano maior para obter acesso à capacidade nuclear francesa e tornar a RFA menos dependente dos Estados Unidos, cuja aquiescência à partição da Europa após a dupla crise de Suez e da Hungria, em 1956, contrastava com sua atitude revanchista perante a RDA e outros Estados do Bloco Oriental. Entretanto, temores de reconhecimento árabe da RDA impediram o estabelecimento de relações diplomáticas oficiais entre Bonn e Tel-Aviv.

Essa contradição foi resolvida pela integração gradual do Oriente Médio ao tabuleiro de xadrez global da Guerra Fria e pela aliança emergente entre a União Soviética e o nacionalismo árabe radical. Embora as relações oficiais tenham sido estabelecidas em 1965, a vitória de Israel na Guerra dos Seis Dias, dois anos depois, permitiu que o *establishment* da Alemanha Ocidental passasse da celebração secreta para uma celebração aberta do militarismo israelense, visto como a encarnação dos valores prussianos no Oriente Médio. Esse filossemitismo mostrava-se em perfeito acordo com a "teoria do totalitarismo", doutrina oficial do Estado, segundo a qual externalizava-se a responsabilidade pelo nazismo ao equipará-lo ao stalinismo. Assim, a celebração, legitimada pelo Estado, da figura musculosa do *sabra* israelense serviu para impedir qualquer confronto genuíno com o passado nazista, uma tarefa assumida pela "oposição extraparlamentar" (movimento estudantil e de esquerda radical). Nesse ambiente remodelado, a acusação de antissemitismo passou a ser dirigida aos estudantes que, em consonância com os desdobramentos observados em outras partes do Ocidente, estavam gradualmente, e ao mesmo tempo, adotando uma posição pró-Palestina.

A nova esquerda alemã era antissemita?

Assim, passamos a considerar o terceiro nível para entendermos a acusação de antissemitismo na Alemanha: os debates dentro da esquerda alemã (ocidental). Como em outros países ocidentais, a esquerda da Alemanha Ocidental permaneceu fiel a uma orientação pró-sionista durante as décadas de 1950 e 1960. Já havíamos mencionado que o SPD era um firme apoiador de Israel. No entanto, isso também poderia ser dito da esquerda estudantil que surgiu à esquerda da social-democracia oficial (o Partido Comunista foi banido em 1956) e que defendia o estabelecimento de relações oficiais com Israel a título de reparação pelos crimes nazistas, mas também via os *kibutzim*, em uma visão mitificada, como alternativa à tristeza do socialismo de Estado. Ao contrário do discurso oficial, o objetivo não era reabilitar o nacionalismo alemão, mas questioná-lo lutando contra a persistência de estruturas e mentalidades da era nazista na sociedade. No final das contas, a direita democrata-cristã no poder justificou cinicamente sua recusa em estabelecer laços diplomáticos com Israel pela necessidade de manter a tradicional "amizade germano-árabe" e preservar as relações comerciais lucrativas. O apoio a Israel era, antes de tudo, uma questão moral inscrita na luta mais abrangente contra a amnésia histórica e o revanchismo alemão.

A aceitação aberta pela direita de Israel como um Estado expansionista, militarista e firmemente anticomunista depois de 1967 foi uma virada de jogo para a esquerda. Estudantes de esquerda estavam cada vez mais atraídos pela recém-formada Organização para a Libertação da Palestina (OLP), que era vista como expressão de uma luta equivalente à luta vietnamita, *a* grande causa da época. Costuma-se dizer que a esquerda da Alemanha Ocidental era particularmente antissionista durante esse período, o que pode estar relacionado à necessidade de desviar a culpa dessa geração pelos pecados da anterior. Nesse sentido, o terrorismo da Fração do Exército Vermelho (RAF – Rote Armee Fraktion) e das Células Revolucionárias (RZ – Revolutionäre Zellen), bem como sua cooperação com militantes palestinos, são frequentemente mencionados. A seleção de reféns judeus e israelenses por ativistas das RZ em 1976, durante o sequestro do avião em Entebbe, é apresentada como evidência de um "antissionismo antissemita" generalizado dentro da nova esquerda alemã. Também encontramos ecos dessa história, considerada sem qualquer perspectiva crítica, entre muitos detratores dos atuais excessos da "cultura da memória" alemã.[10]

Dizer que a esquerda é, por definição, imune ao antissemitismo não é um bom contra-argumento para tais acusações. O racismo em todas as suas manifestações é um fenômeno social que muitas vezes exerceu influência perniciosa na história da esquerda e do movimento trabalhista, como podem atestar os exemplos do racismo antichinês no movimento estadunidense de trabalhadores no século XIX ou do racismo antimuçulmano atualmente observável em uma parte da esquerda francesa. Sabemos também, mais especificamente, que o antissemitismo era um dos traços do pensamento de anarquistas, como Proudhon, ou de "socialistas utópicos", como Fourier. No contexto da Alemanha Ocidental, onde "judeus", que quase não existiam, eram amplamente associados ao Estado

10 Ver, por exemplo, Dische-Becker, The German Question, *The Dig*.

militarizado e expansionista de Israel, é mais do que plausível que muitos dentro da nova esquerda – pelo menos em nível inconsciente – buscassem se absolver do estigma intergeracional do antissemitismo por meio de apoio particularmente incondicional ao nacionalismo palestino. O atentado à bomba contra um centro cultural judaico em Berlim Ocidental, reivindicado por um grupo libertário em 1969, é um bom exemplo desse amálgama antissemita deletério entre judeus, de um lado, e sionismo e Estado de Israel, de outro. Deve-se ter em mente, no entanto, que nem Israel nem o *establishment* da Alemanha Ocidental questionaram esse amálgama, e até mesmo o encorajaram ativamente.

A narrativa de um antissemitismo difundido no interior do gueto socialmente isolado da nova esquerda alemã nos coloca diante de uma série de problemas. Primeiro, trata-se de um argumento eminentemente despolitizador que enfatiza identidades individuais consideradas estáticas e monolíticas em vez de enfatizar convicções políticas e suas ações. Além disso, os exemplos frequentemente mencionados giram quase exclusivamente em torno do terrorismo de esquerda e de figuras como Horst Mahler, o ex-advogado da RAF, que agora é um neonazista declarado e negacionista do Holocausto. Mas o terrorismo não era a corrente hegemônica na esquerda pós-1968. Os numerosos grupos maoístas pró-palestinos dos K-Gruppen, a poderosa organização estudantil Spartakus que surgiu do Partido Comunista Alemão (DKP) reformado após 1968, os trotskistas que mantiveram ligações com antissionistas israelenses, ou os Jovens Socialistas do SPD que, em 1973, romperam relações com o movimento juvenil do trabalhismo sionista em Israel, todos tinham divergências sérias e fundamentais, em geral baseadas em uma crítica leninista ao terrorismo, com as táticas empregadas pela RAF e pelas RZ.

Além disso, o apoio irrestrito à luta armada palestina não era incontestável dentro da esquerda alemã. A esmagadora maioria das organizações condenou o massacre de atletas israelenses nas Olimpíadas de Munique em 1972, ao mesmo tempo que tentou contextualizá-los corretamente. Essa esquerda não abordou a questão palestina apenas do ponto de vista da história alemã, mas, assim como a esquerda em todos os outros lugares, envolveu-se em debates intensos sobre a questão dos regimes nacionalistas árabes, sobre desacordos dentro da OLP ou sobre o papel da classe trabalhadora árabe. Ao lado do Vietnã, da solidariedade com o Chile após o golpe de Estado de 1973 ou da luta *antiapartheid* na África do Sul, a questão da Palestina não foi marginal, mas permaneceu em segundo plano na lista de prioridades internacionais da esquerda, justamente pelo contexto particular da Alemanha. Por exemplo, Rudi Dutschke, a figura mais importante da esquerda estudantil no final da década de 1960, nunca se interessou pela questão palestina. O apoio à OLP foi visto principalmente como posicionamento óbvio de uma perspectiva anti-imperialista. Além disso, explicar a posição da esquerda alemã sobre a Palestina como produto de desvio de culpa é um ponto de vista eurocêntrico. A "descoberta do Terceiro Mundo" pela nova esquerda não correspondeu, como muitas vezes foi dito, a uma forma de fuga da moderna sociedade de consumo. Estudantes vindos do sul, incluindo muitos palestinos, foram atores importantes, até mesmo essenciais, na construção da posição anti-imperialista e antissionista da nova esquerda sobre a questão palestina. A esquerda da Alemanha Ocidental defendeu os palestinos não apenas como vítimas do sionismo, mas também como "trabalhadores convidados" e vítimas de políticas de imigração racistas que infligiram uma punição coletiva à comunidade palestina após o massacre nos Jogos Olímpicos de Munique.

Por fim, a narrativa do "antissionismo antissemita" ajudou a perpetuar e a legitimar a calúnia do "antissemitismo de esquerda", visto não como a possibilidade sempre presente de que os esquerdistas também fossem antissemitas, mas como a existência de uma tendência na esquerda intrinsecamente hostil aos judeus, como evidenciado, é claro, pela crítica à despossessão sistemática de palestinos por Israel, vista aqui como a consequência necessária do genocídio dos judeus. Fica claro como, em um contexto no qual o antissemitismo é oficialmente condenado, a acusação de "antissemitismo de esquerda" é uma dádiva para todos aqueles que buscam desacreditar o programa socioeconômico da esquerda, destacando supostas inconsistências em sua ideologia. Entretanto, a necessidade de legitimidade do nacionalismo alemão após a guerra e o apoio a Israel ditado por circunstâncias geopolíticas não são suficientes para explicar a prevalência dessa arma discursiva contra a esquerda na Alemanha atual. Como tantos outros desdobramentos pós-1968 ao redor do mundo, a luta contra a prevalência de estruturas fascistas foi cooptada de forma muito superficial pelo *establishment*, em um processo no qual ex-esquerdistas desempenharam papel de protagonistas.

Rumo ao "antifascismo dos imbecis"

Durante grande parte da Guerra Fria, havia três grandes tendências no pensamento alemão sobre o passado nazista.

Não causa surpresa que o reflexo de relativizar a culpa alemã tenha sido encontrado principalmente no extremo conservador do espectro político. Ao cultivar uma narrativa de vitimização da Alemanha baseada na expulsão de seus cidadãos da Europa Oriental pelo Exército Vermelho e nos efeitos da divisão do país, a direita procurou desviar sua parcela de responsabilidade pelos crimes nazistas retratando os alemães como vítimas da Segunda Guerra Mundial. Os sociais-democratas e os liberais tinham visão diferente, reconhecendo a responsabilidade da Alemanha pelo genocídio dos judeus, mas insistindo na ruptura radical com o passado marcada pela República Federal, que, portanto, tinha que ser defendida a todo custo contra os dois "extremos". Somente a esquerda radical estava preparada para apontar elementos de continuidade entre o fascismo e o Estado do pós-guerra, como o anticomunismo, o autoritarismo, a repressão e o fato de que as elites econômicas da Alemanha Ocidental obtiveram lucros consideráveis sob o nazismo. No entanto, uma mudança significativa ocorreu ao longo do tempo, com a narrativa da esquerda sendo eventualmente adotada como a visão dominante, porém, esvaziada de qualquer crítica real ao capitalismo. Havia dois elementos em diálogo na base desse processo: a progressiva conscientização do Holocausto na sociedade e o declínio da esquerda radical a partir do final da década de 1970.

Rachaduras na conspiração do silêncio começaram a aparecer no início da década de 1960, após o julgamento dos guardas de Auschwitz em Frankfurt, em 1963. Outro evento significativo foi a transmissão da minissérie estadunidense *Holocausto*, em 1979, um produto da crescente valorização da memória do genocídio na cultura norte-americana daquela época em diante. Em seguida, a *Historikerstreit*, "querela dos historiadores", eclodiu em meados da década de 1980 por meio de várias colunas na imprensa alemã. Ela foi desencadeada pela análise revisionista do historiador Ernst Nolte, que viu o genocídio dos judeus como uma medida preventiva dos nazistas diante do "genocídio de classe" bolchevique. O debate ocorreu no contexto da ofensiva neoconservadora do governo Kohl para reverter os ganhos culturais de 1968, uma ofensiva que incluiu a reabilitação do nacionalismo alemão, exemplificada, em 1985, pela visita conjunta de Kohl e Reagan ao cemitério da SS em Bitburg. Falando perante o Knesset[11] um ano antes, Kohl também invocou a "graça do nascimento tardio", sugerindo que, com o passar do tempo, políticos alemães como ele se viam cada vez menos comprometidos pelo passado nazista (absolvendo-os, assim, de qualquer responsabilidade particular que pudesse ter surgido dele). Uma declaração mais ambivalente a esse respeito foi feita pelo presidente Richard von Weizsäcker, que, num famoso discurso, proclamou 8 de maio de 1985 como dia da "libertação" (e não da derrota) para os alemães. Jürgen Habermas, amplamente reconhecido como o "vencedor" da *Historikerstreit*, defendeu a ideia da singularidade do genocídio dos judeus e seu caráter fundamentalmente incomparável com outros crimes. A contradição entre essa mancha indelével da nação alemã e a perpetuação dessa mesma nação teve que ser resolvida mediante o recurso a um patriotismo "constitucional" e "pós-nacional", orientado para a integração europeia. A existência de dois Estados alemães divididos pela ideologia tornava essa operação ainda mais fácil. Conservadores e

11 Parlamento israelense. (N. T.)

liberais finalmente convergiram. Liberais como Habermas se converteram ao patriotismo, enquanto os conservadores concordaram que não havia como escapar do passado alemão e que seu patriotismo deveria, dali em diante, ser sinônimo de "Europa", com o "sacrifício" do amado *deutschmark* [marco alemão] pelo chanceler Kohl em nome da reunificação servindo como símbolo.

Essa ideia de "patriotismo constitucional", no entanto, entrou em conflito a partir de 1989 com a novidade de uma Alemanha reunificada e o retorno do etnonacionalismo alemão, que se manifestou em *pogroms* assassinos contra imigrantes nos novos *Länder* orientais. No âmbito internacional, a Alemanha reunificada demonstrava seus músculos, às vezes unilateralmente, em particular no contexto das guerras dos Bálcãs e da reativação de alianças tradicionais com Estados como a Croácia. Os "longos anos 1990" podem parecer, em retrospecto, um período de intensas renegociações entre a Alemanha e seu passado. Os debates em torno da construção do Memorial aos Judeus Mortos da Europa, em Berlim, e as controvérsias em torno da exposição itinerante sobre os crimes dos soldados da Wehrmacht (considerados na Alemanha Ocidental do pós-guerra como "bons soldados" que apenas cumpriram seu dever, diferentemente da SS) ajudaram a difundir a ideia de que o nazismo do passado não poderia simplesmente ser varrido para debaixo do tapete, como no auge da República de Bonn, ao ser equiparado com um stalinismo agora desaparecido. O Holocausto não se tornaria, nas palavras de Dirk Moses, o "fundamento moral da nação".[12]

---

12 Moses, The German Catechism, *Geschichte der Gegenwart*.

O contexto geopolítico também foi importante. Após recuperar a soberania total em 1990, a República Federal começou a garantir que seu poder econômico gradualmente fosse traduzido em um papel mais assertivo nos assuntos mundiais. Tal projeto envolveu uma erosão sistemática do forte sentimento pacifista na sociedade, basicamente realizada por meio da normalização de aventuras militares no exterior. Os políticos alemães têm tido o cuidado de expressar suas ambições geopolíticas na linguagem da integração europeia. O que tornou possível esse regresso alemão ao cenário mundial não foi apenas o domínio econômico germânico sobre a moeda comum, mas também a "europeização" da narrativa alemã pós-*Historikerstreit*, com o genocídio dos judeus a ser agora apresentado, em retrospectiva, como a pedra angular da unificação europeia.[13]

Mas as elites alemãs também foram bastante cuidadosas para não se indisporem com os Estados Unidos. Em grande medida, essa preocupação sempre foi o pano de fundo do relacionamento especial entre Alemanha e Israel. Embora o Acordo de Reparações de Luxemburgo tenha servido para permitir a integração da Alemanha nas estruturas da aliança ocidental dominada pelos Estados Unidos, a evolução de uma orientação mais firmemente pró-Israel após 1990 foi determinada pela tomada de consciência de um contexto no qual o genocídio dos judeus figurava com destaque como um *leitmotiv* da nova doutrina ocidental de "intervenção humanitária". Naturalmente, o ministro das Relações Exteriores, Joschka Fischer, ecologista, justificou a primeira intervenção militar direta da Alemanha no exterior – na guerra contra a Sérvia em 1999 – afirmando que

---

13 Ver Kundnani, *Eurowhiteness*.

"guerra nunca mais" jamais deveria ocorrer antes de "Auschwitz nunca mais". E quando o "processo de paz" falhou no início dos anos 2000, os políticos alemães estavam mais dispostos do que outros a aceitar as ideias israelenses sobre o que constituía o antissemitismo, por medo de que uma eventual vexação de Israel levasse à alienação de Washington.

O caso da esquerda ausente

Mas, diferentemente das décadas de 1960 e 1970, quando a esquerda radical difamava a futilidade das justificativas morais para o apoio da Alemanha Ocidental a Israel, a suposição atual de que "a segurança de Israel é uma questão de Estado para a Alemanha", como Angela Merkel afirmou em 2009, conta pelo menos com o consentimento passivo de grande parte da esquerda alemã. Mais do que uma bizarrice da identidade e do discurso dos alemães, essa incapacidade da esquerda para questionar a ideologia de seu próprio Estado atualmente encarna o verdadeiro "excepcionalismo alemão" na questão palestina. Podemos dizer que essa capitulação ocorreu em três etapas.

A primeira ocorreu durante o declínio da esquerda pós-1968, começando no final da década de 1970. Como em outros lugares, a esquerda se afastou do anticapitalismo para se engajar em uma "longa marcha pelas instituições" e em um novo reformismo baseado em "novos movimentos sociais", que na Alemanha Ocidental traduziu-se como a ascensão de um Partido Verde composto em grande parte por ex-maoistas. A crescente conscientização acerca do Holocausto na mesma época e o debate subsequente entre o revisionismo histórico alemão e seus detratores tornaram suspeitas as leituras "marxista-leninistas" do genocídio como um mero resultado do capitalismo e do imperialismo. A esquerda pró-Palestina foi acusada de conivência involuntária com pessoas como Nolte, uma vez que criticar o sionismo implicitamente era equivalente a ignorar o contexto da fundação de Israel.

A segunda etapa da capitulação ocorreu no momento da reunificação alemã. Os elementos da esquerda radical que sobreviveram à década de 1980 se viram sobrecarregados pela reunificação, pelo colapso do "socialismo real" e pela ascensão da violência neonazista. Esses eventos forneceram o contexto para o surgimento dos chamados *Antideutsche*, os "antialemães", um movimento marginal composto por ex-maoistas que consideravam a luta de classes secundária em relação à tarefa principal, que agora consistia em fazer oposição à Alemanha, considerada uma nação particularmente podre e destinada a cometer genocídios. Esse idealismo de exceção, que não estava particularmente focado em Israel na época, teve necessariamente duas consequências. A primeira, qualquer coisa e qualquer pessoa que fosse "contra a Alemanha" merecia apoio, mesmo que isso significasse apoiar o nacionalismo sérvio nos Bálcãs ou condenar, como fez um escritor antialemão, o Acordo de Sexta-Feira Santa na Irlanda do Norte, alegando que ele enfraquecia um dos vencedores da Segunda Guerra Mundial. Em segundo lugar, a substituição de uma análise materialista do nacionalismo alemão por um idealismo moralizante significou que, assim como Habermas antes deles, os *Antideutsche* aceitavam a ideia de que o *judeocídio* foi um evento à parte na história humana, quase acima do mal, fazendo que todos os outros crimes – seja o colonialismo europeu, o imperialismo estadunidense ou, é claro, a opressão israelense aos palestinos – parecessem triviais e insignificantes. Após a "guerra contra o terrorismo" e a Segunda Intifada, os *Antideutsche* concentraram toda sua atenção em Israel, rotulando o restante da esquerda como "antissemita" e o imperialismo norte-americano e as Forças de Defesa de Israel (FDI) como forças antifascistas. Atualmente, ao contrário do que ouvimos com frequência, os *Antideutsche* constituem mais uma subcultura marginal dentro da esquerda no sentido amplo do que um movimento organizado, mesmo que alguns deles tenham de fato conseguido fazer carreira na academia e no mercado editorial.

A última etapa da capitulação ocorreu no início da década de 2010. A maior parte da esquerda radical que não seguiu o irracionalismo antialemão participou do ressurgimento da crítica ao capitalismo que encontrou expressão no movimento por outra globalização e no movimento contra a guerra no Iraque em 2003. A redefinição neoliberal da social-democracia levou ao surgimento de Die Linke (A Esquerda), um novo partido político nascido da fusão de sociais-democratas descontentes com o Partido do Socialismo Democrático, uma organização "pós-comunista" ainda importante no Leste da Alemanha. Embora membros do partido ainda criticassem as políticas israelenses no final da década de 2000, qualquer forma de oposição desapareceu nos anos seguintes. Em uma campanha coordenada pela grande mídia, acadêmicos antialemães e a ala direita do partido, que estava considerando possíveis coalizões no nível federal com o SPD e os Verdes, figuras do partido foram acusadas de "antissemitismo de esquerda". Tal campanha resultou em uma repressão interna que impediu qualquer crítica genuína a Israel, enquanto as discussões sobre o movimento BDS ou a solução de um Estado foram censuradas. Ao mesmo tempo, as principais figuras do partido estavam desesperadas para provar suas credenciais pró-Israel a fim de tornar o partido mais "aceitável" para uma classe política que agora afirmava que a lealdade ao Estado judeu era essencial para sua identidade. Essa forma de caça às bruxas contra a esquerda do partido foi o que, de muitas maneiras, precipitou o fim do projeto Corbyn na Grã-Bretanha alguns anos depois. Em ambos os casos, não foi por sua posição acerca da Palestina que a esquerda se viu sujeita a acusações de antissemitismo, mas sim por sua resistência ao *status quo* inflexível da austeridade neoliberal e do intervencionismo externo, a primeira servindo como justificativa para o segundo. Toda essa campanha foi voltada inteiramente para uma esquerda que pudesse desafiar o *establishment*.

Havia uma dimensão específica da Alemanha Oriental em tudo isso. A RDA foi uma apoiadora particularmente enérgica da OLP, fornecendo aos palestinos ajuda militar, diplomática e educacional. Ao mesmo tempo, ela se recusou a reconhecer qualquer responsabilidade pelos crimes nazistas, vendo-se como encarnação de uma ruptura antifascista em relação ao nacionalismo e ao militarismo alemães. Muitos, portanto, chamaram a RDA de Estado hipócrita. Embora seja verdade que, como no resto do Bloco Oriental, o genocídio dos judeus foi, de modo geral, incluído sem qualquer distinção particular entre outros crimes nazistas, a RDA mostrou-se, no entanto, infinitamente mais legítima quando reivindicou uma ruptura radical com o fascismo alemão. E, embora de fato os ex-nazistas ocupassem cargos no aparato estatal, eles não tinham nem de longe postos tão altos quanto seus colegas no Ocidente. O antifascismo e a consciência dos crimes nazistas foram a norma desde a fundação desse Estado, e pessoas de origem judaica desempenharam papel fundamental nisso. Para muitas personalidades do Die Linke, na RDA, que desejavam ser finalmente reconhecidas como figuras legítimas no cenário político, a orientação pró-Israel era uma maneira de recuperar um *status* social perdido após a reunificação, por meio de demonstrações de arrependimento pela posição "parcial" da RDA em relação a Israel e à Palestina.

Atualmente, o Die Linke é um partido paralisado, incapaz de implementar qualquer solidariedade efetiva com os palestinos em Gaza e em outros lugares. Ele retoma a afirmação israelense de que o 7 de outubro foi um "*pogrom* antissemita", como se um Estado militarizado que mantém milhões de palestinos em cativeiro pudesse ser comparado às vítimas dos *pogroms* tsaristas ou aos presos dos campos de concentração. O vice-presidente do *think tank* do partido, erroneamente chamado Fundação Rosa Luxemburgo, até mesmo escolheu criticar o Egito em vez de Israel pela catástrofe colossal que estamos testemunhando, acusando-o de não abrir suas fronteiras aos palestinos, autorizando assim a limpeza étnica israelense. Somente alguns meses e 20 mil mortes de palestinos depois é que figuras importantes do partido começaram a pedir de modo mais enérgico o cessar-fogo.

Além do terror das alegações paralisantes de "antissemitismo", o Die Linke sofre de um hábito patológico que consiste em evitar qualquer discussão sobre qualquer uma das outras duas vacas sagradas do Estado alemão, a Otan e a União Europeia, por medo de ser rotulado como um idiota útil do "imperialismo de Moscou" e um adepto do "retorno regressivo ao Estado-nação", respectivamente. Aliás, isso evidencia quão bem-sucedido tem se mostrado o capitalismo alemão, também em outras partes do Ocidente, na recuperação de uma linguagem progressista para consolidar o *status quo* reacionário que visa envergonhar, desorientar e, por fim, destruir a esquerda como movimento fundamentalmente crítico do capitalismo, substituindo-a por uma falsa esquerda preocupada apenas com questões normativas acerca do modelo norte-americano, salpicada de uma dose de redistribuição de riqueza. No caso de Israel, essa recuperação assume a forma do que só pode ser descrito como "antifascismo dos imbecis", evidente, por exemplo, na exclusão racista de palestinos durante as manifestações supostamente "antifascistas" contra a AfD. A urgência de ex-maoistas convertidos ao liberalismo – remanescentes do movimento *antideutsch* e, até mesmo, autoproclamados "socialistas democráticos" – em desempenhar o papel de promotores do "antissemitismo de esquerda" pode ser comparada ao papel desempenhado pelos "novos filósofos" (também ex-maoistas) ou pelos apoiadores da "segunda esquerda" dentro do Partido Socialista na ofensiva contra o esquerdismo na França.

Conclusão

Ainda há, é claro, uma esquerda que resiste a tudo isso. Na própria Alemanha, coalizões de setores da esquerda radical, associações comunitárias palestinas e vozes judaicas dissidentes mantiveram pressão contra o apoio obstinado do governo Scholz a Israel, mesmo enquanto ele mata palestinos em massa e devasta Gaza. Apesar da enxurrada de propaganda pró-Israel das elites políticas e jornalísticas, as sondagens indicam que a maioria dos alemães se opõe ao bombardeio incessante de Israel em Gaza. Uma pesquisa publicada pelo *Financial Times* no final de 2023 não encontrou nenhuma divergência significativa na Alemanha em termos de simpatia pelas partes em conflito. Embora os alemães apoiassem mais Israel em comparação com Grã-Bretanha, França ou Itália, esse apoio foi significativamente menor do que nos Estados Unidos.

Argumenta-se com frequência que o uso generalizado da acusação de "antissemitismo" na Alemanha reflete problemas de identidade não resolvidas. Provavelmente, há alguma verdade nessa afirmação. Algumas declarações absurdas, particularmente a afirmação de que os estudos pós-coloniais são "antissemitas", devem ser entendidas como sintoma de um medo nacionalista de que o reconhecimento das conexões entre o colonialismo, incluindo o colonialismo alemão na África Austral, e o genocídio dos judeus, ameace o estatuto distinto do Holocausto como pedra angular de uma identidade nacional alemã redimida. No entanto, a natureza da acusação e seus efeitos, em especial as demissões ou cancelamentos de oradores indesejáveis, também lembram o anticomunismo dos anos Adenauer, as *Berufsverbote* ("proibições de emprego") da década de 1970, que impediam membros da esquerda radical de ocuparem cargos nos serviços públicos, bem como a caça às bruxas contra "simpatizantes", reais ou supostos, da Fração do Exército Vermelho na mesma época, evocada em *A honra perdida de Katharina Blum*, de Heinrich Böll. A acusação de antissemitismo atesta a persistência excepcional do anticomunismo ao longo da história moderna da Alemanha e, atualmente, ela representa a arma definitiva contra a esquerda no país, uma arma que, em última análise, banaliza os antissemitas genuínos, os quais podem ostentar seu apoio a Israel para reivindicar um lugar ao sol na vida política. Uma análise materialista dessa acusação, que a situa no contexto atual de crise e de crescente militarismo, tem infinitamente mais chance de designar as forças capazes de desafiá-la – uma esquerda combativa, multirracial e orientada no sentido da luta de classes – do que uma análise que toma como ponto de partida o velho problema da identidade alemã.

Referências

BALTHASER, Benjamin. The Death and Life of the Jewish Century. *Boston Review*, 20 mar. 2019. Disponível em: https://www.bostonreview.net/articles/benjamin-balthaser-death-and-life-jewish-century. Acesso em: 25 maio 2025.

DISCHE-BECKER, Emily. The German Question. *The Dig*, 31 jan. 2024. *Podcast*. Disponível em: https://thedigradio.com/podcast/the-german-question-w-emily-dische-becker/. Acesso em: 25 maio 2025.

KUNDNANI, Hans. *Eurowhiteness*. London: Hurst, 2023.

_______. Zionism Über Alles. *Dissent Magazine*, 15 mar. 2024. Disponível em: https://www.dissentmagazine.org/online_articles/zionism-uber-alles/. Acesso em: 25 maio 2025.

MOSES, Dirk. The German Catechism. *Geschichte der Gegenwart*, 23 maio 2021. Disponível em: https://geschichtedergegenwart.ch/the-german-catechism/. Acesso em: 25 maio 2025.

NOVICK, Peter. *The Holocaust in American Life*. Boston: Houghton Mifflin, 1999.

ÖZYÜREK, Esra. *Subcontractors of Guilt*: Holocaust Memory and Muslim Belonging in Postwar Germany, Redwood City: Stanford University Press, 2023.

TZUBERI, Hanna. "Reforesting" Jews: The German State and the Construction of "New German Judaism". *Jewish Studies Quarterly*, v.27, n.3, p.199-224, 2020.

ZUCKERMANN, Moshe *"Antisemit!" Ein Vorwurf als Herrschaftsinstrument*. Wien: Promedia, 2010.

Esquerdista, antirracista e sionista? Para acabar com uma contradição persistente

Maxime Benatouil

> Não é apenas Netanyahu, é o mundo que ele criou e quem o criou, é o sionismo. (Naomi Klein)

A acusação parece evidente, pois é repetida como mantra pelos cães de guarda do bloco burguês: a esquerda, que rompe com a ordem estabelecida, se deixa levar por uma "retórica antissemita nauseante".[1] Embora tenha sido transmitida com renovada diligência nos aparelhos de televisão desde o 7 de outubro, a denúncia não é nova e está se espalhando para muito além do hexágono francês.[2]

1 Amselem, La nauséeuse rhétorique antisémite de LFI, *Le Point*.

2 Os casos da Grã-Bretanha e da Alemanha, estudados neste trabalho, são sintomáticos dessa afirmação.

Um "novo antissemitismo"

Após a vitória militar de 1967, Tel-Aviv estendeu seu projeto colonial de povoamento para além da Linha Verde.[3] A ocupação e a colonização de novos territórios palestinos despertaram nessa época ampla oposição por parte da opinião pública no Sul global, o que posteriormente se materializou na votação da Resolução 3.379 da Assembleia Geral da Organização das Nações Unidas (ONU), em 1975. Essa resolução, lapidar, considera que "o sionismo é uma forma de racismo e de discriminação racial".[4] O momento é grave para Israel. Depois de ter organizado a partilha da Palestina histórica em seu favor, os fundamentos de legitimidade para o exercício da soberania judaica sobre essa terra estão sendo enfraquecidos pela ONU. Poucos dias antes do pleito dessa resolução, enquanto uma sólida maioria de Estados se cristalizava para condenar o sionismo, Abba Eban, o ministro das Relações Exteriores de Israel, publicou um artigo no *The New York Times* no qual a crítica ao sionismo apareceu pela primeira vez como forma cabal de antissemitismo: "O antissemitismo clássico nega a igualdade de direitos dos judeus como cidadãos dentro da sociedade. O antissionismo nega a igualdade de direitos do povo judeu à sua soberania legítima dentro da comunidade das nações".[5] Nenhuma palavra, obviamente, sobre as consequências para o povo palestino implicadas no estabelecimento do Estado de Israel e na tomada de terras adicionais a

3 Linha de fronteira traçada durante o armistício de 1949 entre Israel, de um lado, e Síria, Líbano, Transjordânia e Egito, do outro.

4 Revogada em 1991, a resolução é citada em Jackson; Faupin, Le long chemin jusqu'à Durban, *Chronique ONU*.

5 Eban, Zionism and the UN, *New York Times*.

partir de 1967, mas uma formulação ambígua que faz história. Associar a crítica à conquista da soberania judaica exclusiva na Palestina com o antissemitismo clássico, que visa às minorias judaicas pelo fato de serem judaicas, é o que abre caminho para um novo significado de antissemitismo.

Esse "novo antissemitismo",[6] que se liga de modo vago à crítica ao sionismo, não se torna, contudo, hegemônico da noite para o dia. Diante do amplo fracasso dos Acordos de Oslo e da eclosão da Segunda Intifada em setembro de 2000, as críticas a Israel ganham força novamente. A visão inspirada por Abba Eban será então beneficiada por um elixir da juventude. Irwin Cotler é um dos pioneiros dessa retomada. Usando sua aura de ex-ministro da Justiça do Canadá, ele publicou, em 2009, um texto seminal no *Jerusalem Post* argumentando que "o novo antissemitismo pressupõe a discriminação contra o direito do povo judeu de viver como um membro de pleno direito na família das nações – a negação do próprio direito do povo judeu de viver enquanto tal –, com Israel na condição de um 'judeu coletivo entre as nações'".[7] Cotler teoriza uma continuidade entre a discriminação sofrida pelos judeus enquanto indivíduos ou grupos identificados como judeus e as condenações direcionadas a um Estado-nação que se define como judeu. Assim, criticar Israel – seja desaprovando certas políticas relativas aos palestinos, seja questionando radicalmente o sionismo – passa a ser tão antissemita quanto atacar os judeus pelo fato de serem judeus. Para apoiar seu argumento, ele não hesita em recorrer ao legado nazista. O título do seu artigo atesta isso: "Tornar o

---

6 Lerman, *Whatever Happened to Antisemitism?*

7 Cotler, Making the World *Judenstaatrein*, *The Jerusalem Post*.

mundo um espaço '*Judenstaatrein*' [depurado do Estado judeu]". O círculo se fecha. Os palestinos, assim como qualquer um que se oponha à dinâmica de despossessão da qual eles são vítimas, tornam-se então descendentes de Hitler.

A penetração da política do "novo antissemitismo" pode ser observada em graus variados na maioria dos países ocidentais. Isso se deve aos esforços de grupos pró-Israel movidos por interesses estadunidenses, principalmente o American Jewish Committee [Comitê Judaico Norte-Americano] e o Centro Simon Wiesenthal, que elaboraram uma definição de antissemitismo centrada na crítica ao Estado de Israel. Depois de anos vagando sem nenhum apoio real para institucionalizar seu trabalho, eles recorreram à Aliança Internacional para a Memória do Holocausto (IHRA). Agência intergovernamental especializada em compartilhar a memória da Shoah, ela não estava de forma alguma predestinada a se tornar a correia de transmissão das organizações sionistas estadunidenses. Em 2016, a IHRA concordou em adotar uma formulação particularmente vaga e ineficaz como "definição operacional" de antissemitismo. Os redatores de fato reduziram essa forma de racismo a "*certa* percepção dos judeus que *pode* se manifestar na forma de ódio contra eles".[8] A falta de clareza é tão flagrante quanto habilmente constituída. Para compensar, eles rapidamente forneceram exemplos que ilustravam sua concepção de antissemitismo com mais precisão. Uma leitura rápida é suficiente para perceber o objetivo deles: garantir que as críticas a Israel sejam percebidas como forma de ódio contra os judeus.

---

8 La définition opérationnelle de l'antisémitisme. *Holocaust Remembrance*. (Salvo menção contrária, as citações a seguir são dessa fonte.)

Dos onze exemplos utilizados, sete são efetivamente dedicados a esse ponto. Aprendemos, portanto, que seria antissemita caracterizar a existência do Estado de Israel como "fruto de um empreendimento racista" – muito embora ele seja um Estado fundado em uma limpeza étnica em larga escala (a Nakba) –, assim como "[seu] tratamento desigual, [se for] solicitado a adotar comportamentos que não são esperados nem exigidos de qualquer outro Estado democrático [*sic*]". Aqui também é evidente a instrumentalização do antissemitismo: trata-se de estigmatizar, silenciar e criminalizar vozes que se opõem às injustiças cometidas por Israel contra o povo palestino.

Kenneth Stern, o principal autor dessa redefinição, acabou se distanciando publicamente de seu Frankenstein porque os usos que dele foram feitos fragilizam a liberdade de expressão: "Se tivesse nascido em uma família palestina deslocada em 1948", escreveu ele no *The Guardian* em 2019, "eu poderia ter uma visão diferente do sionismo, e não porque rebaixasse os judeus ou achasse que eles conspiram contra a humanidade".[9] Podemos lamentar a ausência dessa clarividência entre os parlamentares franceses[10] que acabaram introduzindo o cavalo de Troia do "novo antissemitismo" na lei nacional ao adotarem a definição operacional da IHRA em 3 de dezembro de 2019. Eles foram aplaudidos em pé pelo Conselho Representativo das Instituições Judaicas da França (Crif – Conseil Représentatif

9 Stern, I Drafted the Definition of Antisemitism. Rightwing Jews are Weaponizing It, *The Guardian*.

10 A França estava seguindo os passos iniciados pelo Parlamento europeu, que adotou a definição de antissemitismo da IHRA em 2016, juntando-se assim aos dezesseis Estados-membros da UE que já haviam legislado nessa direção.

des Institutions Juives de France), o ramo francês dos judeus de direita que Stern condenou; comemorou-se, assim, a derrota imposta aos oponentes do projeto de lei cuja "ideologia [*sic*] os torna incapazes de olhar para o antissemitismo contemporâneo em todas as suas formas, notadamente o antissionismo".[11]

Esses ataques obviamente tinham como alvo os deputados rebeldes e comunistas na Assembleia Nacional, que se opunham à resolução que adota a definição da IHRA. Torna-se então ainda mais difícil criticar a ocupação e colonização da Palestina – ou, de acordo com o Crif, "revelar [seu] ódio ao Estado de Israel" – sem ser acusado de antissemitismo. Por mais perigoso que seja, tal silenciamento do debate crítico funciona na prática quando vem de adversários políticos claramente identificados. Afinal, o serviço de atendimento para os interessados de Tel-Aviv está onde esperaríamos que estivesse quando ele ataca a esquerda internacionalista sensata. Mas esses ataques, às vezes, são lançados com o mesmo grau de virulência e desonestidade por organizações que afirmam fazer parte do campo social progressista e antirracista. Como interpretar, como exemplo paroxístico, o silêncio dos ativistas da Rede de Ação contra o Antissemitismo e todos os Racismos (Raar), que recentemente permitiram que Tal Bruttmann chamasse Mélenchon de *Führer* várias vezes, num de seus webinários,[12] sem oferecerem a menor objeção? A indignação teria rapidamente dado lugar ao ridículo se essa comparação tivesse

11 Communiqué du Crif: Adoption par l'Assemblée nationale de la définition de l'IHRA, *Crif*. (Salvo menção contrária, as citações a seguir são dessa fonte.)

12 Raar, L'antisémitisme d'aujourd'hui.

vindo dos apoiadores incondicionais de Netanyahu. Porém, o fato de um renomado historiador da Shoah equiparar Mélenchon a Hitler duas vezes sem nem ao menos levantar a sobrancelha para alguém da Raar, embora o coletivo afirme ter voz judaica dentro do movimento antirracista, não é insignificante.

Essa falta de reação nos diz mais sobre o relacionamento de certos grupos judaico-progressistas contemporâneos com a esquerda pró-palestina do que sobre a maneira como essa mesma esquerda se posiciona mais ou menos habilmente no campo da luta contra o antissemitismo. Ainda que as posições públicas de alguns de seus intelectuais orgânicos refutem a dicotomia antissemitismo clássico e novo antissemitismo, e insistam, como Brigitte Stora, na "[sua] permanência, sua capacidade de permanecer vivo, de regressar às notícias em lugares ou em momentos em que não o esperamos",[13] é, pelo contrário, evidente que a Raar e seus aliados adotam uma concepção de antissemitismo que integra a crítica ao caráter colonial do Estado de Israel desde sua proclamação em 1948, inscrevendo-se, assim, plenamente no legado político do sionismo de esquerda.

Sionismo realmente existente *versus* antissionismo igualitário

Chamar alguém de sionista é uma maneira mais ou menos velada de se referir negativamente à sua origem judaica ou trata-se de uma caracterização de seu posicionamento político? As disputas sobre interpretação não são novas e têm sido

13 "Le temps du débat" apud Y a-t-il une caractéristique de l'antisémitisme à gauche, *France Culture*.

regularmente levantadas de novo desde o triunfo do "novo antissemitismo". Tomemos o exemplo recente da Sciences Po Gate. Imaginemos que uma ativista da União de Estudantes Judeus da França (UEJF) foi de fato impedida de entrar em uma sala de aula temporariamente ocupada em solidariedade aos palestinos, como alega a associação estudantil, porque ela se identificou como sionista.[14] Por que isso seria problemático? Depois de ter organizado uma reunião em Jerusalém com o deputado supremacista do partido de extrema direita Yamina, Yomtov Kalfon,[15] e de ter planejado uma etapa do programa universidades de verão no assentamento israelense de Kiryat Arba, na Cisjordânia ocupada,[16] a UEJF poderia ser decentemente representada nesse ambiente acadêmico enquanto Israel comete genocídio em Gaza? Os ativistas deles não podem ser *politicamente* desqualificados como sionistas? Se todos na esquerda concordam em expulsar os fascistas para "fora de nossas lutas", por que deveríamos receber de braços abertos os estudantes que estão efetivamente legitimando a colonização da Palestina numa ação coletiva que é precisamente oposta a isso? Esse esforço para igualar "sionista" a "judeu", repetido incessantemente durante dias na televisão e até mesmo por autoridades governamentais, se inscreve perfeitamente no quadro do "novo antissemitismo". Para que a discussão ocorra – e para neutralizar a acusação de antissemitismo quando ela é infundada ou

14 Checknews, Tensions à Sciences Po, *Libération*.

15 Trois questions à Noémie Madar sur les actions de l'UEJF pour la rentrée universitaire, *Fondation pour la mémoire de la Shoah*, 2021.

16 Ver *post* da UEJF, publicado no Instagram, disponível em: https://www.instagram.com/p/ChG6sfJsBji/?igsh=YXRkODIyZTFuYXpj. Acesso em: 25 maio 2025.

para reconhecê-la e combatê-la quando se mostra justificada –, ainda é necessário esclarecer o que se entende por "sionismo" e "antissionismo" 76 anos após o advento do Estado de Israel.

Não há necessidade, aqui, de refazermos a história do movimento nacional que visa implementar a soberania judaica na Palestina, nem de discutirmos a construção de um povo judeu *político* como ator em sua própria conquista nacional, nem de comentarmos as lutas internas entre suas correntes revisionistas, socialistas e pragmáticas.[17] O que nos interessa são os efeitos que o sionismo produziu desde que se tornou um Estado em 1948. Ele deve ser visto não como ideologia político-nacional plena, mas como um processo colonial de apropriação de terras que ainda está em andamento nos territórios palestinos *e* no interior do próprio Estado de Israel, como atestam os planos de *judaização* da Galileia e do Neguev. O deputado palestino de Israel Ayman Odeh descreveu a pedra angular da seguinte forma: "Tomem o máximo de terra possível, com o mínimo possível de árabes nela".[18] O sionismo que *realmente existe* é isto: um colonialismo baseado na supremacia judaica e obcecado pela questão demográfica. É assim que devemos entender a recusa categórica de conceder o direito de retorno aos refugiados palestinos e seus descendentes. Sejam de esquerda ou de direita, religiosos ou laicos, israelenses ou internacionais, todos aqueles que se recusam a considerar as modalidades práticas de um retorno de refugiados palestinos participam, em graus variados, da legitimação do poder sionista tal qual ele é realmente

17 Para saber mais sobre os debates internos do movimento sionista, ver Sternhell, *Aux origines d'Israël*.

18 Benatouil; Odeh, C'est une décision stratégique de rester des citoyens dans notre patrie, *Transform! Europe*.

exercido: um regime democrático para os judeus e um regime de subordinação para os palestinos, de acordo com seu local de residência (no interior das fronteiras de 1948, Cisjordânia, Gaza, Jerusalém Oriental anexada e a diáspora). É a relação com a distribuição desigual das liberdades de assentamento e de mobilidade que nos permite separar aqueles que desejam manter o monopólio sobre essas liberdades para israelenses e judeus em todo o mundo (os sionistas, portanto) daqueles que desejam vê-las estendidas a todos, do Jordão ao Mediterrâneo (os antissionistas igualitários).

Os defensores da solução de dois Estados podem, *sob certas condições*, ser integrados ao bloco antissionista igualitário. A contradição parece tão intransponível à primeira vista que já podemos ouvir as críticas estridentes. Se querem o estabelecimento de um Estado palestino ao lado de Israel, vocês reconhecem a soberania judaica sobre parte da Palestina histórica. Então, vocês são sionistas. Também o são se apoiam a opção política que visa fazer do Estado hebraico o Estado de todos os seus cidadãos. Não, não necessariamente. Porque, para ser um sionista atualmente, é preciso continuar apoiando o monopólio judaico-israelense sobre a liberdade de assentamento e de mobilidade, ou não fazer campanha explícita para desmantelá-lo. O que pode fazer de cada um de nós um sionista ou, pelo contrário, um antissionista igualitário é a nossa relação com esse monopólio. O que mais se pode dizer sobre o Hamas, que, em 2021, concluiu um acordo com o Fatah para organizar eleições visando à renovação da presidência da Autoridade Palestina, finalmente proibida por Abu Mazen[19] sob

19 Nome de guerra de Mahmoud Abbas, presidente da Autoridade Palestina com sede em Ramallah, impedido por Israel de estabelecer sua sede em Jerusalém Oriental.

pressão de Israel, reconhecendo assim implicitamente a soberania judaica sobre parte da Palestina histórica?[20] O Hamas é sionista? Obviamente que não. É claro que o único prisma das preferências institucionais relativas às fronteiras – dois Estados ou um Estado comum – não nos permite identificar com detalhes suficientes *o que constitui* o antissionismo.

Na realidade, é a questão do acesso igualitário ao regime de direitos e liberdades que nos permite entender o antissionismo como um movimento político que substitui a desigualdade estrutural do sionismo realmente existente pela igualdade radical. Apoiar o direito evidente dos palestinos de se deslocarem como quiserem dentro de sua pátria histórica é revolucionário, pois fragiliza o fundamento do sionismo, a saber, a soberania judaica na Palestina, que faz dos palestinos uma minoria sob controle ou digna de ser totalmente expulsa. Isso permite uma superação do regime político israelense tal como ele tem sido expresso desde 1948, e cujas evoluções internas, às vezes radicais, nunca ameaçaram derrubar a ordem racial estabelecida. Nisso reside o quadro analítico que nos permite situar na ala esquerda do bloco sionista as organizações políticas que se dizem progressistas e antirracistas, mas que se mantêm em silêncio sobre o direito de retorno, e distingui-las daquelas que apoiam incondicionalmente a extensão dos direitos e liberdades de que gozam os israelenses e os judeus em todo o mundo – acesso imediato à cidadania e à liberdade de circulação, por exemplo – aos palestinos e à sua diáspora.

---

20 Klein, Israeli Arrogance Thwarted a Palestinian Political Path, +972 *Magazine*.

Quando Robert Hirsch, porta-voz da Raar, afirma que o *slogan* que pede a libertação da Palestina do rio para o mar "não pode significar outra coisa senão uma Palestina libertada dos judeus",[21] ele confessa sua adesão à narrativa sionista segundo a qual isso só pode ser alcançado expulsando os judeus. Aqui, como todos os sionistas – quer sonhem em ser de esquerda, quer afirmem ser de direita –, Hirsch confunde presença judaica com soberania judaica exclusiva. Não, a presença judaica na Palestina não está condenada a assumir a forma de *apartheid* nem está fundamentalmente ameaçada pela libertação da Palestina. Isso pode ser alcançado dentro da estrutura do regime de direitos e liberdades do antissionismo igualitário, em que os palestinos exerceriam soberania compartilhada com os judeus-israelenses. Mas se e somente se os israelenses, para usar as palavras da ativista decolonial e jornalista israelense Orly Noy, "se recusarem a ser os senhores".[22] Na verdade, comparar a libertação da Palestina do sionismo realmente existente com o antissemitismo expressa o medo de ver Israel perder o controle exclusivo sobre a Palestina histórica. Como alguém pode se apegar à supremacia judaica dessa maneira enquanto afirma fazer parte do campo progressista, senão aderindo ao mito sionista de *hem rotsim lizrok et haYehudim laYam*,[23] uma das salvaguardas mais unificadoras do *status quo* colonial entre os judeus sionistas de todas as tendências políticas? Tal esquizofrenia

---

21 Seminário do Raar, Tragédie du Moyen-Orient.

22 Noy, If Israelis Want Change, They Must Refuse to Be Masters, +972 *Magazine*.

23 "Eles querem jogar os judeus no mar", em hebraico. Essa expressão é frequentemente atribuída erroneamente pelos líderes israelenses aos palestinos que resistem à dominação sionista.

política é característica de movimentos que se dizem sionistas de esquerda, que acreditam estar do lado certo da barricada, mas são incapazes de se opor diretamente a todos os aspectos do *apartheid* israelense. É ainda mais profundo e preocupante quando é expresso de forma não reconhecida por organizações que fazem questão de não tomar uma posição formal sobre Israel-Palestina, como a Raar ou o coletivo Golem.[24] Mas, como Howard Zinn demonstra em sua autobiografia, "você não pode ser neutro num trem em movimento": algumas situações exigem pronunciamentos inequívocos, sem o "ao mesmo tempo" que, em última análise, contribui para a perpetuação do indefensável.

A guerra genocida contra Gaza é uma ilustração disso. Pode-se argumentar que essas organizações "de esquerda" se opuseram de fato à carnificina cometida pelo Tzahal. Mas elas sempre fizeram isso de uma forma que não questiona os fundamentos do sionismo *como ele é*. Tomemos o exemplo dos reféns israelenses. Como o historiador judeu antissionista e especialista em Palestina Zachary Foster aponta em referência ao *lobby* estadunidense pró-Israel, o Comitê Americano de Assuntos Públicos de Israel (Aipac – American Israel Public Affairs Committee) – com o qual, nesse caso, o Raar e o Golem estão alinhados –, exigir que o Hamas liberte os reféns como condição indispensável para o cessar-fogo "faz de você um supremacista judeu".[25] Os antirracistas sionistas "de esquerda" que simultaneamente

24 "Golem não afirma ser sionista ou antissionista", em "Les 10 commandements de Golem", publicado em 19 fev. 2024, nas redes sociais do coletivo.

25 *Post* publicado por Zachary Foster, em 13 fev. 2024, na plataforma X. Disponível em: https://twitter.com/_ZachFoster/status/1768433132942889117?s=20. Acesso em: 25 maio 2025.

postam mensagens em frente à embaixada de Israel, pedindo o fim das hostilidades militares, e nas proximidades da embaixada do Catar, exigindo a libertação dos reféns israelenses,[26] sem dúvida se sentiriam insultados por serem associados a essa forma extrema de racismo. A ação deles não demonstra seu humanismo sincero e sua capacidade de traçar uma via média entre dois partidos radicalizados, o gabinete de guerra de Netanyahu e o Hamas? Para Foster, não. Ele ressalta que os palestinos também querem trazer seus "reféns"[27] para casa: 3.348 palestinos[28] de todas as idades presos e maltratados nas prisões israelenses, sem julgamento nem acesso aos seus processos, sob o procedimento injusto conhecido como "detenção administrativa". Para excluí-los da equação diplomática, conscientemente ou por omissão, é preciso estar gravemente intoxicado pela retórica da desumanização dos palestinos, que chega a torná-los invisíveis. Uma posição que exigisse tanto o cessar-fogo imediato quanto a libertação de reféns israelenses *e* palestinos seria parte do antissionismo igualitário. É o caso dos sindicatos CGT, FSU e Solidaires que, em um comunicado conjunto de imprensa,[29] fizeram essa reivindicação de justiça.

A sequência política que se abriu na França após os ataques de 7 de outubro de 2023 aprofundou uma divisão que já

---

26 *Post* publicado por Collectif Golem na plataforma X, em 6 mar. 2024. Disponível em: https://x.com/Collectif_Golem/status/1765281028388647380?s=20. Acesso em: 25 maio 2025.

27 *Post* de Zachary Foster, op cit.

28 Number of Palestinian Administrative Detainees in Israeli Prisons Rises, *Middle East Monitor*.

29 Solidarité avec la Palestine. Pour la journée de la terre, les organisations syndicales se mobilisent!, *Union Syndicale Solidaires*.

existia na esquerda entre organizações sionistas e antissionistas igualitários em torno da questão do antissemitismo. Ela segue mais ou menos a linha de fratura que separa aqueles que consideram a crítica ao caráter inerentemente colonial do Estado de Israel como forma de judeofobia daqueles que recusam tal ditame. A acusação de antissemitismo tem sido frequentemente usada como meio de desacreditar partidos ou movimentos que "não desistem" da Palestina. Atualmente, é sobretudo a França Insubmissa (LFI) que é alvo de campanha difamatória que visa deixar dúvidas permanentes sobre o caráter *eventualmente* antissemita das posições de cada um de seus líderes. Que ninguém se engane. O motivo dessa instrumentação da acusação de antissemitismo é muito claro: desqualificar a única força de esquerda que tem algum peso na arena política, sob o pretexto de que ela não abandona nem os muçulmanos da França nem o povo palestino.

Um espectro assombra a esquerda radical: o antissemitismo

Embora a direita não meça as palavras, os sionistas da esquerda redobraram sua cautela semântica ao qualificar a LFI e os ativistas pró-palestinos como antissemitas. O cerne de sua retórica pode ser resumido da seguinte forma: a esquerda radical não é *estruturalmente* antissemita, mas há antissemitismo na esquerda que deve ser combatido, *assim como* deve-se combater aquele que vem da extrema direita. Se é verdade que todas as formas de racismo se aninham e se reproduzem em todas as esferas da sociedade – do Estado às relações interpessoais –, então por qual milagre a esquerda seria perfeitamente imune a isso? Essa não é uma batalha tão importante quanto a luta contra o antissemitismo manifestado pela extrema direita? Tal equivalência entre esquerda e extrema direita merece ser examinada mais de perto. A ensaísta Illana Weizman formulou um tipo ideal para a esfera sionista de esquerda: "Na condição de judia, devo admitir que estou exausta. Luto contra o antissemitismo clássico, estrutural, proveniente da direita e, principalmente, da direita extrema, mas luto também contra os vieses mais insidiosos e a negação das diferentes esquerdas".[30] Curiosa fadiga, como aquela que seria *igualmente* suscitada, digamos, pela eleição para a Assembleia Nacional sob o rótulo do Reagrupamento Nacional (RN) de Frédéric Boccaletti, dono de uma livraria negacionista do Holocausto, e aquela outra que provocaria a recusa de Mathilde Panot de ser rotulada de antissemita pelo fato de ter descrito a ex-primeira-ministra Élisabeth Borne como uma "sobrevivente" do *macronismo*, ignorando que ela era filha de um sobrevivente dos campos de extermínio.

As tomadas de posição de Mélenchon sobre Israel e Palestina são, mais do que quaisquer outras, examinadas de perto. Uma delas conseguiu unir toda a classe política para combatê-la. Em 22 de outubro de 2023, pouco depois de ter "reafirmado" a Israel, "em nome da representação nacional, [o seu] apoio incondicional",[31] a presidente *macronista* da Assembleia, Yaël Braun-Pivet, decidiu ir até a região. Ela visitou locais bastante destruídos pelo ataque de 7 de outubro com porta-vozes do Estado-maior israelense. Diante das câmeras, ela repetiu quase palavra por palavra a narrativa do gabinete de Guerra de

30 Weizman, *Des blancs comme les autres?*, p.14.

31 Em entrevista para o programa *C à vous* em 24 out. 2023.

Netanyahu: "Nada deve impedir Israel de se defender. Há um atacante e há atacados". Sua tomada de posição fez os dentes rangerem até mesmo dentro das fileiras do Renaissance, pois ela rompeu com os fundamentos da diplomacia francesa no Oriente Próximo, cuja preocupação é a de manter um equilíbrio entre Israel e os palestinos. Mélenchon respondeu no mesmo dia compartilhando nas redes sociais um vídeo do comício na Praça da República pedindo o cessar-fogo imediato, com o seguinte comentário: "Esta é a França. Enquanto isso, a senhora Braun-Pivet está acampada em Tel-Aviv para encorajar o massacre. Não em nome do povo francês!".[32] Os tenores do *macronismo*, muito felizes em varrer para debaixo do tapete a confusão na política externa francesa causada por essa estadia em Israel, aproveitaram ao máximo tudo o que o dia tinha a lhes oferecer. Todos denunciaram "o tuíte da vergonha".[33] A deputada do RN Laure Lavalette foi ainda mais longe, chamando Mélenchon de "monstro" que "atira [Braun-Pivet] aos lobos islâmicos".[34] A senadora socialista Laurence Rossignol compartilhou sua consternação diante dessa "liberação do discurso antissemita". As condenações unânimes atacaram os termos escolhidos por Mélenchon que constituem tropos veiculadores de ódio aos judeus. "Acampar", mais uma referência aos campos de concentração nazistas dirigida a uma judia...

32 Ver vídeo publicado no perfil de Jean-Luc Mélenchon, @JLMelenchon. Disponível em: https://x.com/JLMelenchon/status/1716104403076190592. Acesso em: 25 maio 2025.

33 Cardon; Sabas, Visite de Yaël Braun-Pivet en Israël, *France Info*.

34 Apud Tervé, Mélenchon s'en prend à Braun-Pivet en Israël et déclenche un tollé dans la classe politique, *Huffpost*. (Salvo menção contrária, as citações seguintes são dessa fonte).

Ao castigar uma judia por apoiar Israel e contrastá-la com o "povo francês" em Paris reunido em solidariedade a Gaza, ele estaria resgatando as antigas acusações fascistas feitas contra os judeus: "vieram do exterior!", "anti-França!".

A Raar também pretende demonstrar o conteúdo antissemita do tuíte de Mélenchon. "Como lembrete", ela comunica, "Yaël Braun-Pivet não 'acampou' em Israel, onde ela teria se estabelecido para 'encorajar o massacre'".[35] Ah, não? Ela não postou uma *selfie* nas redes sociais com oficiais de alta patente do Tzahal usando um colete à prova de balas? Ela não adotou a retórica oficial israelense de legítima defesa, que justificava a destruição de Gaza? Por certo, Mélenchon usou uma imagem. Mas uma de natureza militar. Para detectar antissemitismo nisso, é preciso ser movido pelo desejo de demonizar o dirigente da única grande força política que defendeu a paz e o respeito ao direito internacional desde 7 de outubro. De acordo com a Raar, o tuíte

> recorre a um tropo antissemita evidente. A escolha da denúncia específica dessa personalidade de origem judaica, que é publicamente bem conhecida por ter sofrido vários ataques antissemitas, demonstra isso claramente. [...] Ao afirmar que a presidente da Assembleia Nacional não é de fato "francesa" e ao insinuar que ela é teleguiada por influência estrangeira, Mélenchon está retomando a conhecida acusação da "dupla lealdade" de judias e judeus.

---

35 Raar, L'attaque de Mélenchon à l'encontre de Yaël Braun-Pivet joue avec l'imaginaire antisémite, *Raar*. (Salvo menção contrária, as citações seguintes são dessa fonte.)

Mas é culpa da LFI se a figura principal na representação nacional é judia e sofre de antissemitismo? Deveríamos, então, atenuar a crítica às suas posições? A conclusão do comunicado de imprensa ilustra a futilidade de uma luta contra o antissemitismo que se limita a uma caça descontextualizada aos espectros judeofóbicos que supostamente assombram a esquerda: "Denunciamos essa mensagem e o consentimento daqueles que não veem onde está o problema". Tornou-se difícil formular qualquer crítica, por menor que seja, à caça aos supostos tropos da esquerda sem, por sua vez, ser submetido a um julgamento por antissemitismo, embora esse *modus operandi* muitas vezes obscureça não apenas o contexto em que as frases são expressas, mas também as intenções dos atores que as formulam e as semelhanças de análise com as direitas, encantadas por poderem desqualificar seus adversários políticos de esquerda.

Após o 7 de outubro

O desnorteamento diante da escalada de violência enfrentada pela população israelense rapidamente cedeu lugar à sua instrumentalização por parte de Tel-Aviv. Ao qualificar o ataque de 7 de outubro de 2023 como "o pior ato de violência antissemita desde o Holocausto",[36] Netanyahu garantiu, para a interpretação legítima dos eventos, um contexto que empurra a questão palestina para trás dos arames farpados

36 *Post* publicado no perfil Prime Minister of Israel, @IsraeliPM, na plataforma X, em 10 out 2023. Disponível em: https://twitter.com/IsraeliPM/status/1716816778314305768. Acesso em: 25 maio 2025.

intransponíveis. Essa narrativa foi então adotada pela maioria das chancelarias ocidentais, incluindo Paris. Nesses termos, Macron se referiu ao "maior massacre antissemita do nosso século".[37] A classe política francesa bradava em uníssono. Uma menção especial deve ser feita, sem dúvida, a Marine Le Pen, cujo zelo fez que ela repetisse como um papagaio a frase sionista mais dura: "*Pogroms* na própria terra de Israel, onde mulheres, crianças e homens foram mortos pelo simples fato de serem judeus".[38] Apenas Mélenchon tentou dar um passo para o lado. Em um programa de televisão, a fim de justificar uma suposta "discrepância na força das mensagens"[39] que ele teria publicado após a decisão da Corte Internacional de Justiça reconhecendo um risco plausível de genocídio em Gaza e "na loucura dos *pogroms* de 7 de outubro", Mélenchon questionou o próprio uso do termo *pogrom* pelo editorial e "permitiu-se uma pequena correção: [eles foram massacrados] porque eram israelenses". Sacrilégio. Eis o momento em que Mélenchon quebrou o consenso entre aqueles que compõem o arco republicano, ou que sonham em fazer parte dele. O Golem reagiu naquela mesma noite, furioso porque a França Insubmissa era "incapaz de nomear o antissemitismo dos massacres de 7 de outubro", chegando até a acusá-lo de contribuir "para a

---

37 David, Hommage aux victimes françaises du Hamas, *Public Sénat*.

38 *Post* publicado no perfil de Marine Le Pen, @MLP_officiel, na plataforma X, em 10 out. 2023. Disponível em: https://twitter.com/MLP_officiel/status/1711737303192715446. Acesso em: 25 maio 2025.

39 *Post* publicado no perfil do Collectif Golem, @Collectif_Golem, na plataforma X, em 29 jan. 2024. Disponível em: https://twitter.com/Collectif_Golem/status/1752031395688464392. Acesso em: 25 maio 2025. Salvo engano, as citações são dessa fonte.

confusão no entendimento do que é o antissemitismo". Tal reação não tem nada de surpreendente. Um dos cofundadores do coletivo, Jonas Pardo, já havia declarado algumas semanas antes que "a única palavra de ordem [do 7 de outubro] era matar o maior número possível de judeus".[40] O que têm em comum o autoproclamado "formador" na luta contra o antissemitismo e sua organização política, que afirma estar ancorada nas "lutas de esquerda",[41] com a RN e o Renaissance? À primeira vista, não muito. No entanto, suas respectivas reações públicas são estruturadas por uma adesão absoluta à leitura sionista dos ataques: um trovão antissemita em um céu limpo, livre de qualquer contexto de opressão e despossessão coloniais.

Bruttmann acredita que pode demonstrar o caráter antissemita dos ataques pedindo que as pessoas levem a sério as declarações dos agressores,[42] alguns dos quais se gabavam nas redes sociais por terem matado judeus. "Mãe, mãe, eu matei dez judeus!", ele se apressa em relatar para justificar sua tese. *Yehudi* [judeu], portanto, não é *israeli* [israelense]! Não estaria aí uma prova irrefutável de que é inútil tentar contextualizar os ataques? Querer levar em consideração os assassinatos diários de palestinos na Cisjordânia, a continuação da colonização, as atrocidades cometidas por colonos em localidades palestinas, a limpeza étnica na Jerusalém Oriental anexada, o bloqueio de Gaza – em suma, apontar o dedo para a fealdade do sionismo

---

40 Pardo, Affirmer la lutte contre l'antisémitisme à gauche, entrevista para *Kiffe ta race*.

41 *Post* publicado no perfil do coletivo Golem, Les 10 commandements de Golem, em 19 fev. 2024.

42 Bou; Bruttmann, L'historien de la Shoah face au 7 octobre, *K La Revue*. (Salvo menção contrária, as citações seguintes são dessa fonte.)

realmente existente – equivaleria a minimizar "a intenção genocida" e, portanto, estruturalmente antissemita do 7 de outubro.

Não se trata de negar a presença de representações antissemitas na ideologia do Hamas, mas, antes, de interrogar sua origem. Como podemos entender essa confusão entre judeus, sionistas e israelenses? Duas respostas se opõem. A perspectiva sionista analisa a situação exclusivamente pelo prisma do antissemitismo. Por conseguinte, bastaria destruir as estruturas que produzem esse antissemitismo arrasando Gaza. Uma amputação, certamente brutal, que traria segurança aos israelenses e até mesmo salvaria o resto do corpo social palestino: *Gaza livre... do Hamas*.[43] A outra resposta, ao contrário, busca explicar ao mesmo tempo o ataque de 7 de outubro e o persistente fundo ideológico antissemita em certos setores da sociedade palestina, destacando o papel do próprio Estado de Israel.[44] É culpa dos palestinos se o Estado de Israel, que monopoliza os símbolos do judaísmo desde 1948, justifica as incursões violentas e assassinas do Tzahal em nome da segurança dos judeus? Ou que se tornou oficialmente, desde 2018, "o Estado-nação do povo judeu"? O jornalista palestino de Jerusalém Oriental, Mohammed El-Kurd, que testemunhou a expulsão de seu povo da cidade anexada e sua substituição por famílias judaico-israelenses, relembra esse fato óbvio sobre o qual os sionistas de esquerda fariam bem em refletir: "Colonos judeus roubaram minha casa; não é minha culpa se eles são judeus".[45] Explicar a

---

43 Reapropriação cínica do *slogan* "Gaza Livre" por ativistas sionistas, que pode ser observada em vários países ocidentais.

44 Joffe; Benatouil, Le 7 octobre: un massacre antisémite?, *Tsedek*.

45 El-Kurd, Jewish Settlers Stole My House, *Mondoweiss*.

violência em Israel-Palestina pelo ódio aos judeus é ignorar as causas que a produzem. O único resultado concreto dessa grade de leitura é a manutenção do *status quo* colonial. E, com ela, a garantia de novas erupções de brutalidade das quais a população civil será novamente a principal vítima.

Podemos dizer, junto do cineasta antissionista israelense Eyal Sivan, que Bruttmann, Pardo e todos os seus camaradas sionistas de esquerda não perceberam que "[os israelenses] estavam a caminho de um piquenique num vulcão".[46] A análise *acolonial* do 7 de outubro é testemunho disso. Ela os impede até mesmo de conceber a culpa que recai sobre o regime de *apartheid* israelense. Essa incapacidade diz muito sobre a radicalização nacionalista dos sionistas de esquerda. Recordemos o ataque de 1997 perpetrado em Jerusalém, na rua Ben Yehouda. Três homens-bomba do Hamas detonam seus cintos de explosivos, matando cinco pessoas. Entre eles, estava uma menina de 14 anos, Smadar Peled, cuja mãe conhecia pessoalmente Netanyahu, que já era primeiro-ministro na época. Netanyahu liga para a mãe a fim de lhe oferecer suas condolências. Sua resposta é cortante: "Bibi [Netanyahu], o que você fez?". Ela escreveria logo depois que, para ela, "não há diferença entre o terrorista que matou [sua] filha e o soldado israelense que, em meio ao fechamento dos territórios [ocupados], não deixou uma palestina grávida atravessar um bloqueio para chegar ao hospital, de modo que ela acabou perdendo seu filho".[47] Tal discurso seria inaudível hoje. O princípio da corresponsabilidade

46 Sivan, Israël contre les Juifs, entrevista para *Hors-Série*.

47 Peled-Elhanan, Bibi, qu'as-tu fait?, *Le Monde diplomatique*.

pela violência em um contexto colonial defendido pela mãe de Smadar não existe mais entre os sionistas de esquerda.

A nuance que distingue os sionistas de esquerda do resto do bloco sionista reside numa hipocrisia que beira a esquizofrenia. O sionismo de esquerda afirma ser a favor de uma regulamentação do conflito: *shalom akhshav*, paz imediata. Seus apoiadores não são abertamente racistas. Desprezam os colonos religiosos, a quem eles consideram responsáveis por todos os males dos palestinos. Eles podem até ter bons amigos árabes e se acham sinceramente antirracistas. No entanto, basta arranhar esse verniz progressista para descobrir que ficam tão aterrorizados quanto os sionistas de direita com a possibilidade de estender o direito de retorno aos palestinos. No fundo, assim como os supremacistas judeus, eles defendem a separação dos árabes. "Ajudem-nos a divorciar",[48] implorou o monumento da literatura sionista de esquerda, Amos Oz, dirigindo-se às democracias liberais europeias. *Ajudem-nos* a arrancar dos palestinos uma solução política que finalmente deslegitime, de uma vez por todas, o direito dos descendentes da Nakba de retornar às suas terras. O caráter judaico do Estado sempre prevalece sobre seu atributo supostamente democrático. O 7 de outubro só aprofundou essa contradição. Há os que acreditam – o Golem e a Raar, para citar apenas dois – que podem se apropriar da narrativa israelense da barbárie antissemita do Hamas sem integrar seu corolário imediato, a justificação e a continuação do genocídio em Gaza, o que é facilmente assumido pela ala direita do bloco sionista. É preciso vê-los se movendo em todas as direções, se esgotando na tentativa de conciliar o irreconciliável: julgamento por antissemitismo

48 Oz, *Aidez-nous à divorcer. Israël-Palestine*.

contra decolonialistas que oferecem outra análise dos ataques do Hamas; elaboração de comunicados pedindo o cessar-fogo naquele país. Essa esquizofrenia se estende para além do conflito israelo-palestino, a ponto de se tornar uma linha política de pleno direito para o sionismo de esquerda.

Nas cinco semanas seguintes ao 7 de outubro, 1.518 atos ou comentários antissemitas foram registrados na França, três vezes mais do que em todo o ano de 2022.[49] Diante disso, o bloco burguês fez o que costuma fazer para lidar com os medos e receios legítimos das comunidades judaicas: afirma elevá-los ao topo da agenda política, enquanto apenas os isola do resto da sociedade. Dessa vez, haverá convocação para uma grande "marcha pela República e contra o antissemitismo"[50] no dia 12 de novembro em todo o país. O apelo, redigido pelos presidentes de ambas as câmaras do Parlamento, equipara o dia 7 de outubro a um "massacre de ignomínia sem precedentes desde a Shoah", eleva a laicidade "como uma muralha do islamismo" – implicitamente identificado como a única fonte de antissemitismo – e exige a libertação dos reféns israelenses, ao mesmo tempo que se recusa a falar do destino da população de Gaza sob as bombas. Estamos longe de um serviço republicano mínimo que possa promover mobilização contra todas as formas de racismo – o discurso islamofóbico também foi liberado depois de 7 de outubro[51] –, solicitando simultaneamente

---

49 Seckel, Antisémitisme: 1.518 actes recensés en France depuis le 7 octobre, peu de condamnations, *Le Monde*.

50 Larcher; Braun-Pivet, Pour la République et contre l'antisémitisme, marchons, *Le Figaro*.

51 Comunicado do Conseil Français du Culte Musulman (CFCM) em 8 nov. 2023.

a libertação dos reféns e o cessar-fogo imediato. Pior ainda, Larcher e Braun-Pivet convidaram todos os deputados a "resistir" [*sic*] participando da marcha. O tapete vermelho é assim estendido para o Rassemblement National [Reagrupamento Nacional ou Frente Nacional], muito feliz em aproveitar a oportunidade para completar seu processo de desdemonização.

Podemos entender que os judeus politicamente não organizados, e até mesmo os de esquerda, sintam necessidade de participar da manifestação, apesar de todas as desvantagens, a fim de afastarem o sentimento de solidão. Mas que o advogado e ativista de direitos humanos Arié Alimi, também cofundador do Golem, assuma "sem nenhum remorso"[52] ter participado da marcha de 12 de novembro, assim como, "da mesma forma, [ele] convocou e foi sem nenhuma dúvida ou gaguejo em 10 de novembro de 2019 para se manifestar contra a islamofobia", apesar daqueles que "na época censuraram nossa manifestação com os islamitas", isso levanta questões. Como traçar um paralelo entre muçulmanos, agora chamados de islamitas pelo governo por terem denunciado o ataque islamofóbico contra a mesquita de Bayonne, e ativistas sionistas comprovados, como os dirigentes do Crif, apoiados por esse mesmo governo, que, com ele, instrumentalizam a voz dos judeus da França para encobrir os crimes de guerra cometidos por Israel?

Nesse contexto, nasceu o Golem, caçula na família sionista de esquerda. Eram judeus de esquerda escandalizados pela presença do RN na marcha contra o antissemitismo:

52 El Azzouzi, Marche contre l'antisémitisme: "les gauches qui appellent à ne pas manifester renoncent à leur rôle historique", *Mediapart*. (Salvo indicação em contrário, as citações seguintes são dessa fonte.)

organizaram-se em um coletivo e apareceram nas proximidades da procissão de extrema direita para gritar que ela não era bem-vinda. No entanto, eles não pronunciaram nenhuma palavra para denunciar a islamofobia e a invisibilização do sofrimento palestino no chamado para a manifestação. Nada também sobre a presença na manifestação da ala direita de Éric Ciotti, cujos representantes eleitos no Senado haviam votado pela abolição do auxílio médico estatal quatro dias antes. Tampouco falaram dos *macronistas* que conseguiram, com essa marcha, restaurar de forma barata seu brasão antirracista, ao mesmo tempo que levavam adiante um projeto de lei de asilo e imigração que iria introduzir a preferência nacional da legislação francesa. Seria agora possível manifestar-se contra uma forma de racismo com racistas? Não percebiam que, ao reduzir o problema da marcha somente à presença da RN, estavam absolvendo com seu silêncio os "racistas respeitáveis" do bloco burguês? E isso não é tudo. Não contente em ter demonstrado por meio dessa certidão de nascimento um ativismo que julgava o antirracismo com dois pesos e duas medidas, Pardo culpa a estratégia da LFI, que se recusou a endossar essa farsa, por ter permitido que a RN investisse no campo da luta contra o antissemitismo: "Aqueles da esquerda, e me refiro especialmente à LFI, ou, em todo caso, a uma parte da LFI, que se recusaram a marchar contra o antissemitismo são vergonhosos! Eles abandonaram completamente a luta contra o antissemitismo. E a RN pode assumir o lugar deles por conta disso!".[53] A acusação seria risível se não fosse tão grave, e se não fizesse parte do processo de excomunhão

53 Pardo, Affirmer la lutte contre l'antisémitisme à gauche, entrevista para *Kiffe ta race*.

republicana do partido. Vamos resumir. As supostas deficiências da esquerda radical teriam permitido que a extrema direita ocupasse o lugar vago. Outro coletivo, Juives et Juifs Révolutionnaires (JJR), já havia justificado a infiltração dos partidos de direita especificamente nesse terreno alguns anos antes pela deserção da esquerda radical sem fornecer, tampouco, a menor justificativa, limitando-se a um julgamento de intenção.[54]

Os aliados objetivos da repressão

Em um tuíte datado de 26 de março de 2024, Arno Klarsfeld, filho dos famosos caçadores de nazistas Serge e Beate Klarsfeld, fornece um elemento de resposta muito mais tangível ao aparente paradoxo da apropriação da luta contra o antissemitismo pela extrema direita: "Marine Le Pen é uma das poucas a apoiar Israel nesses tempos difíceis. O Crif deveria tomar nota disso e convidá-la para o jantar do Conselho. O povo judeu não tem tantos amigos...".[55] O conteúdo político da mensagem é claro e assumido: a RN demonstrou, desde o início da guerra genocida contra Gaza, que era a aliada mais incondicional de Israel e que, por conseguinte, o partido era bom para os judeus. Eis o cerne da questão. Nada a ver com a esquerda e, no fundo, nem mesmo com os judeus. A percepção do engajamento de uma organização política na luta contra o antissemitismo estava mais do que nunca relacionada com o apoio que

54 Ver entrevista com o coletivo Juives et Juifs Révolutionnaires, *Ballast*.

55 *Post* publicado no perfil de Arno Klarsfeld, @IsraeliPM, na plataforma X, em 26 mar. 2024. Disponível em: https://twitter.com/arnoklarsfeld/status/1772536222574895215?s=43&t=7GtH4Vch3g5vcJLc5-e2KA. Acesso em: 25 maio 2025.

ela oferecia a Israel (*in eros Israel veritas* [no amor por Israel, a verdade]). O crematório Durafour e outros detalhes da história da Segunda Guerra Mundial foram esquecidos. O filossionismo embranquece mais do que água sanitária e faz desaparecer as manchas mais arraigadas do antissemitismo. As alianças entre a extrema direita antissemita e o sionismo são tão antigas quanto o próprio sionismo.[56] Porém, o que muda é que, com a dupla hegemonia do novo antissemitismo, tanto no âmbito institucional quanto em termos de ideias, o fascismo só precisa exibir ostensivamente seu apoio a Israel para se tornar um ator legítimo na luta contra o antissemitismo. Nesse tema específico, como podemos interpretar o silêncio da JJR, da Raar e do Golem, além da inação de seus intelectuais e ativistas? Por que eles preferem condenar a esquerda pró-Palestina em vez de criticar a instrumentalização pró-Israel do antissemitismo? No fundo, antes de serem de esquerda, eles são sionistas. E é justamente por serem sionistas que eles não questionam nem a redefinição do antissemitismo nem o apoio incondicional da extrema direita a Israel. Em vez de adotar uma linha nacionalista a partir do campo da emancipação, preferem incriminar a esquerda e, com ela, o movimento de solidariedade à Palestina.

O ataque deles ao coletivo Urgence Palestine (UP), publicado em uma carta aberta, constitui um caso clássico de instrumentalização sionista de esquerda na luta contra o antissemitismo. O termo "de esquerda" é importante aqui, porque,

56 O pai do sionismo político, Theodor Herzl, declarou em seu diário que "os antissemitas se tornarão nossos amigos mais confiáveis, e os países antissemitas, nossos aliados", apud Massad, Le pro-sionisme et l'antisémitisme sont inséparables et l'ont toujours été, *Middle East Eye*.

diferentemente da ala direita do bloco sionista, que só tem na boca as palavras "terroristas" e "antissemitas", os autores da carta dizem que "[sua] solidariedade e [seu] apoio são direcionados às moradoras e aos moradores de Gaza".[57] Seria uma discussão franca entre ativistas que compartilham um ideal de paz e justiça. Porém, o verniz de camaradagem se dissolve no terceiro parágrafo, quando eles explicam que as vítimas do ataque de 7 de outubro foram "massacradas porque eram judias e judeus". *Desconsideraram* o papel do regime de *apartheid* israelense e, portanto, o princípio da corresponsabilidade. Uma rápida olhada na lista de signatários revela os *suspeitos usuais* da família sionista de esquerda – incluindo ativistas do Golem, da Raar, das JJR, Weizman e Hirsch – indignados pelo antissemitismo latente supostamente demonstrado por ativistas pró-palestinos. Dessa forma, escrever em um comunicado comum que "o sionismo nasceu no Ocidente e continua a ser apoiado por potências coloniais, imperialistas e racistas, nas quais suas redes se alimentam da dominação de homens brancos poderosos e ricos",[58] não seria descrever uma realidade política, a da participação de Israel na nova internacional fascista.[59] Isso equivaleria a simplesmente ressuscitar "o imaginário [...] de uma 'conspiração judaica internacional de inspiração sionista', tal qual imaginada nos Protocolos dos Sábios de Sião".[60]

57 Lettre ouverte aux organisations qui convergent au sein d'Urgence Palestine, *Le Club de Mediapart*.

58 Comunicado do Urgence Palestine, "Vive la lutte des femmes palestiniennes, vive la lutte pour la libération de la Palestine", 24 nov. 2023.

59 Palheta, *La nouvelle internationale fasciste*.

60 Lettre ouverte aux organisations qui convergent au sein d'Urgence Palestine, *Le Club de Mediapart*, 20 jan. 2024.

Mas eles não param por aí. Ao acusar [as organizações participantes da UP] de "conluio com a ideologia de extrema direita do Hamas", os Dons Quixotes da luta contra o antissemitismo acabam se transformando em agentes da Direção-Geral de Segurança Externa (DGSE). Eles ressaltam que o ataque do Hamas não pode ser "desvinculado da ideologia dessa organização política", ou seja, de seu antissemitismo estrutural. Alguém poderia pensar estar lendo a circular Dupond-Moretti de 10 de outubro de 2023,[61] que também buscava criminalizar qualquer esforço de contextualização dos ataques, assimilando-o imediatamente a um pedido de desculpas pelo terrorismo. Não há engano nisso. Ao fazer soar o alarme com base em pretextos tão falaciosos, os autores se tornaram aliados objetivos da repressão estatal que tem se desencadeado contra o movimento de solidariedade à Palestina.

A imputação do crime de apologia ao terrorismo a ativistas antissionistas igualitários dá nova vida às "leis celeradas", ao mesmo tempo que desloca, de modo sem precedentes, seu centro de gravidade.[62] Dali em diante, era possível ser intimado por expressar uma opinião que ameaçasse não apenas a segurança da República Francesa, mas também a narrativa oficial de um Estado estrangeiro, a israelense, de 7 de outubro. Como aponta a ensaísta e artista Ariella Aïsha Azoulay, "não é tanto a solidariedade com os palestinos que é reprimida, mas a possibilidade de questionar a legitimidade desse regime colonial e

---

61 Circular sobre o combate às infrações que podem ser cometidas em conexão com os ataques terroristas sofridos por Israel desde 7 de outubro de 2023, n.62, A4.

62 Codaccioni, Apologie du terrorisme, criminalisation de la solidarité et délit d'opinion, *AOC media*.

genocida";[63] em outras palavras, a crítica ao sionismo realmente existente. Qualquer voz desviante do quadro de legitimidade para interpretar os ataques seria, portanto, passível de denúncia por apologia ao terrorismo. Somente no período de 7 de outubro a 31 de dezembro de 2023, "o polo nacional de luta contra o ódio on-line do gabinete do promotor de Paris recebeu 385 pareceres exclusivamente relacionados ao conflito no Oriente Médio. Durante todo o ano de 2022, ele havia recebido quinhentos pareceres nos quais todos os assuntos estavam misturados".[64] Essa inflação de documentos é tão significativa que, depois de ter afetado ativistas sindicais e revolucionários, chega a vez de a esquerda parlamentar tornar-se alvo. Rima Hassan, uma jurista franco-palestina em posição elegível na lista da LFI para as eleições europeias de 2024, e Mathilde Panot foram intimadas sob acusação de apologia ao terrorismo após queixas apresentadas por um grupo de pressão sionista.[65] No caso de Rima Hassan, o motivo da sua intimação nunca foi divulgado. Em contrapartida, o motivo da intimação de Panot é conhecido. Ela seria recebida pelo gabinete do promotor de Paris na condição de chefe do grupo LFI na Assembleia, algo inédito na história da Quinta República. Ela foi responsabilizada pelo comunicado de imprensa publicado no mesmo dia dos ataques, situando "a ofensiva das forças armadas palestinas lideradas

---

63 Dimitrakaki, Gaza, Truth and the Anti-colonial injunction: Interview with Ariella Aïsha Azoulay, *Third Text*, 1 mar. 2024.

64 Dejean et al., "Apologie du terrorisme": Mathilde Panot convoquée, dernière d'une longue liste, *Mediapart*.

65 A Organisation Juive Européenne (OJE), que é particularmente ativa contra o "antissionismo e o movimento BDS", está por trás do registro de diversas queixas, incluindo contra Guillaume Meurice, que foi rejeitada.

pelo Hamas [...] em um contexto de intensificação da política de colonização em Gaza, na Cisjordânia e em Jerusalém Oriental".[66] Embora os sionistas de esquerda possam, em princípio, murmurar seu apoio ao povo palestino e se opor à "criminalização de movimentos sociais e expressões políticas",[67] eles participam plenamente das ofensivas liberticidas que visam silenciar os componentes do movimento de solidariedade com a Palestina. Com camaradas como esses, quem precisa de inimigos?

Sionismo ou antirracismo, é preciso escolher

Para aqueles que prefeririam olhar para outro lugar, a guerra em Gaza é um lembrete cruel de que a Nakba é um processo contínuo e inacabado. Os recentes bombardeios do Tzahal expulsaram mais palestinos de suas casas do que na guerra árabe-israelense de 1948. As autoridades israelenses aproveitaram cinicamente a oportunidade para intensificar não apenas os assentamentos judaicos na Cisjordânia, mas também a *desarabização* de Jerusalém Oriental anexada.[68] Interpretar esses acontecimentos isoladamente seria um erro. Cada um deles constitui uma peça do quebra-cabeça do regime de *apartheid* israelense que se desenrola em toda a Palestina histórica. Nas ruas e universidades do Ocidente, grupos cada vez maiores de jovens exigem a libertação da Palestina. Em todos os lugares,

---

66 LFI, Convocation de Mathilde Panot: nous appelons au sursaut!, *La Frances Insoumise*, 23 abr. 2024.

67 JJR, Stop à la criminalisation des mouvements sociaux et des expressions politiques, *Juives et Juifs Révolutionnaires*.

68 Noy, From the River to the Sea, Israel Is Waging the Same War, *+972 Magazine*.

eles são expostos à violência de cassetetes e falsos julgamentos por antissemitismo.

Estamos numa encruzilhada. Se a Palestina for novamente relegada a segundo plano nas notícias internacionais, então Israel mais uma vez terá carta branca para tomar cada vez mais terras, tanto em Gaza quanto na Cisjordânia. A ocorrência de novos banhos de sangue será apenas questão de tempo. Porém, não há garantia de que tudo volte ao normal sob o *status quo* colonial. O caráter genocida da guerra lança uma luz dura sobre o sionismo existente. Dificilmente há mais do que a base social do bloco burguês para acreditar no absurdo da "solidão de Israel",[69] que sempre se beneficia – até quando? – com o apoio inabalável do Norte global e a legitimidade moral do seu direito de defesa. À medida que os jovens se politizam com Gaza, o antissionismo igualitário ganha terreno. A radicalização do apoio dos judeus estadunidenses ao povo palestino nos convida – nós, judeus antissionistas europeus – a "formar bloco"[70] diante das dificuldades que precisamos superar a fim de nos massificarmos, mas que já nos parecem cada vez menos intransponíveis. A sequência, ao expor as alianças circunstanciais entre a direita radicalizada e os grupos de interesse pró-Israel, também permitiu destacar a urgência de eliminar o caráter sionista da luta contra o antissemitismo e vinculá-la às batalhas contra outras formas de racismo. Ela também terá fornecido um esclarecimento necessário: o sionismo é incompatível com a

69 Lévy, *Solitude d'Israël*,.

70 Referência à iniciativa conjunta do Tsedek e da UJFP, "Faire bloc: guerre coloniale en Palestine, antisémitisme, répressions", que culminou em uma reunião internacional reunindo em Paris organizações judaicas antissionistas de todo o mundo em 30 de março de 2024.

esquerda e com o antirracismo. Nenhum lugar deve ser concedido àqueles que pretendem se engajar no combate às discriminações, mas se recusam a lutar pela queda final do regime de supremacia judaica que se estende do Jordão ao Mediterrâneo.

*

Sem o entusiasmo e a confiança que minha editora, Stella Magliani-Belkacem, demonstrou por mim, este texto não teria visto a luz do dia. Que ela seja agraciada por isso.

Também sou grato a Michèle Sibony, que contribuiu para minha formação política, intelectual e ativista por quase dez anos. Que essa amizade frutífera e calorosa continue por muito mais tempo.

Aos meus amigos e irmãos de luta Grégory, Antoine, Nadav e Valentin pelos comentários construtivos e encorajamentos. Este texto é um pouco deles, e não seria o que é sem eles.

Referências

AMSELEM, Rafaël. La nauséeuse rhétorique antisémite de LFI. *Le Point*, 31 out. 2023.

BENATOUIL, Maxime; ODEH, Ayman. C'est une décision stratégique de rester des citoyens dans notre patrie. *Transform! Europe*, 8 set. 2015.

BOU, Stéphane; BRUTTMANN, Tal. L'historien de la Shoah face au 7 octobre. *K La Revue*, 31 jan. 2024.

CARDON, S.; SABAS, L. Visite de Yaël Braun-Pivet en Israël: les accusations de Jean-Luc Mélenchon. *France Info*, 23 out. 2023.

CHECKNEWS, Tensions à Sciences Po: témoignages contradictoires sur l'ambiance dans l'amphi lors de l'événement pro-palestinien. *Libération*, 15 mar. 2024.

CODACCIONI, Vanessa. Apologie du terrorisme, criminalisation de la solidarité et délit d'opinion. *AOC media*, 24 abr. 2024.

COMMUNIQUÉ DU CRIF: Adoption par l'Assemblée nationale de la définition de l'IHRA. *Crif*, 4 dez. 2019.

COTLER, Irwin. Making the World *Judenstaatrein*. *The Jerusalem Post*, 22 fev. 2009.

DAVID, Romain. Hommage aux victimes françaises du Hamas. *Public Sénat,* 7 fev. 2024.

DEJEAN, Mathieu et al. "Apologie du terrorisme": Mathilde Panot convoquée, dernière d'une longue liste. *Mediapart*, 23 abr. 2024.

DIMITRAKAKI, Angela. Gaza, Truth and the Anti-colonial injunction: Interview with Ariella Aïsha Azoulay. *Third Text*, 1 mar. 2024.

EBAN, Abba. Zionism and the UN. *New York Times*, 3 nov. 1975.

EL AZZOUZI, Rachida. Marche contre l'antisémitisme: "les gauches qui appellent à ne pas manifester renoncent à leur rôle historique". *Mediapart*, 12 nov. 2023.

EL-KURD, Mohammed. Jewish Settlers Stole My House: It's Not My Fault They 're Jewish. *Mondoweiss*, 26 set. 2023.

JACKSON, Peter; FAUPIN, Mathieu. Le long chemin jusqu'à Durban: le rôle des Nations Unies dans la lutte contre le racisme et la discrimination raciale. *Chronique ONU,* n.3, 2007.

JJR. Stop à la criminalisation des mouvements sociaux et des expressions politiques. *Juives et Juifs Révolutionnaires*, 19 abr. 2024.

JOFFE, Nadav; BENATOUIL, Maxime. Le 7 octobre: un massacre antisémite? *Tsedek*, 12 fev. 2024.

JUIVES ET JUIFS Révolutionnaires. Entrevista. *Ballast*, 20 maio 2019.

KLEIN, Menachem. Israeli Arrogance Thwarted a Palestinian Political Path: October 7 Revealed the Cost. +972 *Magazine*, 28 nov. 2023.

LA DÉFINITION opérationnelle de l'antisémitisme. *Holocaust Remembrance*. Disponível em: https://holocaustremembrance.com/resources/definition-operationnelle-de-antisemitisme. Acesso em: 25 maio 2025.

LARCHER, Gérard; BRAUN-PIVET, Yaël. Pour la République et contre l'antisémitisme, marchons. *Le Figaro*, 7 nov. 2023.

LERMAN, Antony. *Whatever Happened to Antisemitism?* Redefinition and the Myth of the "Collective Jew". London: Pluto Press, 2022.

LETTRE OUVERTE AUX organisations qui convergent au sein d'Urgence Palestine. *Le Club de Mediapart*, 20 jan. 2024.

LÉVY, Bernard-Henri. *Solitude d'Israël*. Paris: Grasset, 2024.

LFI. Convocation de Mathilde Panot: nous appelons au sursaut! *La Frances Insoumise*, 23 abr. 2024.

MASSAD, Joseph. Le pro-sionisme et l'antisémitisme sont inséparables et l'ont toujours été. *Middle East Eye*, 10 jun. 2019.

NOY, Orly. From the River to the Sea, Israel Is Waging the Same War. +972 *Magazine*, 26 abr. 2024.

NOY, Orly. If Israelis Want Change, They Must Refuse to Be Masters, +972 *Magazine*, 5 fev. 2017.

NUMBER OF PALESTINIAN Administrative Detainees in Israeli Prisons Rises. *Middle East Monitor*, 8 fev. 2024.

OZ, Amos. *Aidez-nous à divorcer. Israël-Palestine: deux États maintenant*. Paris: Gallimard, 2004.

PALHETA, Ugo. *La nouvelle internationale fasciste*. Paris: Textuel, 2022.

PARDO, Jonas. Affirmer la lutte contre l'antisémitisme à gauche. Entrevista. *Kiffe ta race*, 15 dez. 2023.

PELED-ELHANAN, Nourit. Bibi, qu'as-tu fait? *Le Monde diplomatique*, out. 1997.

RAAR. L'attaque de Mélenchon à l'encontre de Yaël Braun-Pivet joue avec l'imaginaire antisémite. *Raar*, 24 out. 2023.

______. L'antisémitisme d'aujourd'hui: continuité ou rupture. *Raar*, 18 dez. 2023. *Webnário*.

______. Tragédie du Moyen-Orient: le Raar invite le professeur Denis Charbit. *Raar*, 18 mar. 2024.

SECKEL, Henri. Antisémitisme: 1.518 actes recensés en France depuis le 7 octobre, peu de condamnations. *Le Monde*, 15 nov. 2023.

SIVAN, Eyal. Israël contre les Juifs. Entrevista. *Hors-Série*, 24 fev. 2024.

SOLIDARITE AVEC LA Palestine. Pour la journée de la terre, les organisations syndicales se mobilisent! *Union Syndicale Solidaires*, 30 mar. 2024.

STERN, Kenneth. I Drafted the Definition of Antisemitism. Right-wing Jews are Weaponizing It. *The Guardian*, 13 dez. 2019.

STERNHELL, Zeev. *Aux origines d'Israël*: entre nationalisme et socialisme. Paris: Fayard, 1996.

TERVE, Claire. Mélenchon s'en prend à Braun-Pivet en Israël et déclenche un tollé dans la classe politique. *Huffpost*, 22 out. 2023.

TROIS QUESTIONS À Noémie Madar sur les actions de l'UEJF pour la rentrée universitaire. *Fondation pour la mémoire de la Shoah*, 2021.

WEIZMAN, Illana. *Des blancs comme les autres?* Les Juifs, angle mort de l'antiracisme. Paris: Stock Essais, 2022.

Y A-T-IL UNE caractéristique de l'antisémitisme à gauche. *France Culture*, 7 fev. 2024. Disponível em: https://www.radiofrance.fr/franceculture/podcasts/le-temps-du-debat/y-a-t-il-une-caracteristique-de-l-antisemitisme-a-gauche-8018997. Acesso em: 25 maio 2025.

Devolver os judeus à história ou o fim da inocência

Houria Bouteldja

Isso ocorreu em algum momento após 1947. Um judeu hassídico deixa sua pequena cidade na Polônia e se estabelece em Londres. Procurando se tornar inglês, ele imediatamente abandona suas roupas e seus hábitos religiosos. Faz seus estudos em Direito e se casa, unindo-se a uma família judaica prestigiosa e bem estabelecida. Um dia, ele recebe um telegrama anunciando a visita de seu pai idoso. O homem entra em pânico. Ele desce até o porto para encontrar o pai e lhe diz: "Papai, se vier à minha casa com seu casaco longo, seu chapéu e sua barba, isso vai me destruir. Você deve fazer tudo o que eu lhe pedir". O pai concorda. Seu filho o leva ao melhor alfaiate de Londres e compra para ele um terno magnífico. Apesar disso, o velho ainda tem muito jeito de judeu. O filho, então, o leva a um barbeiro. A barba é rapidamente raspada e o velho pai começa a parecer um *gentleman* britânico. Porém, resta um problema: os *peiot*, os cachos encaracolados que circundam as orelhas do ancião. O pai faz sinal ao barbeiro para que eles sejam cortados.

No primeiro cacho, o velho permanece estoico, mas quando o barbeiro aproxima a tesoura do segundo cacho lágrimas começam a rolar pelo rosto do velho. "Por que chora, papai?", pergunta o filho, tomado pelo medo súbito de o cabeleireiro ter cortado cabelo demais e lamentando ver o rosto paternal descoberto, que ele mal reconhecia. "Eu choro", responde o pai, "porque perdemos a Índia".[1]

Juro dizer a verdade, toda a verdade,
nada além da verdade
Lenin, provavelmente

Humildade demais é meio orgulho

(Provérbio iídiche)

Perdoem-me por dizer "eu".

Essa não será a menor das minhas vaidades.

Quero tomar Deus e suas criaturas como testemunhas e dizer sem pudor:

Acho que sou a pessoa menos antissemita da França.

Os mais caridosos me julgarão louca. Outros dirão arrogante e pretensiosa. Que seja. Mas notem que não finjo não o ser em absoluto.

Digo apenas que provavelmente todos são mais do que eu na terra de Voltaire e dos direitos humanos. Mas que as coisas fiquem claras: quando digo todos, quero dizer todos. Acho, por exemplo, que sou menos antissemita do que o presidente Macron. Chego a estar plenamente convencida disso.

1 On the Jewish novel: Deborah Friedell and Adam Thirlwell, *London Review of Books*.

Os leitores informados sobre a casa editorial La Fabrique provavelmente não ficarão muito abalados com essa declaração. Eles sabem que tanto o Estado racial e seus representantes quanto a extrema direita, que lhes serve como seguro de vida, produzem e reproduzem o racismo. Além disso, é uma obviedade declarar que eu seria – objetivamente – menos antissemita do que o senhor Macron e do que a casta que extrai sua hegemonia, sua força e sua longevidade a partir da divisão racial. A resposta cruel do general de Gaulle a Maurice Schumann, porta-voz da França Livre, não contém todos os elementos de uma acusação implacável e definitiva contra a maioria dos chefes de Estado franceses? Julguem vocês mesmos: quando o bugre infeliz (outro inconsolável pela perda das Índias) anunciou sua conversão ao catolicismo, a resposta do general – "Será um católico a mais, mas não um judeu a menos!" – é petrificante. Segue-se que sou menos antissemita do que todos os comentadores da vida política francesa que servem esse poder e que fazem do filossemitismo[2] um sacerdócio. Posso citar Michel Onfray, Caroline Fourest, Yann Moix, Éric Naulleau. A lista é muito longa. Além disso, gabar-me de ser menos antissemita do que essa estirpe não é nada glorioso e não equivale à absolvição dos meus pecados morais.

É que eu não me limito ao bloco no poder. Também acho que sou menos antissemita do que o restante da classe política francesa – dos sociais-democratas à extrema esquerda – que se orgulha de não o ser e que afirma estar lutando contra "a besta imunda" enquanto exibe a auréola daqueles que possuem consciência inabalável, tanto como vanguarda quanto

2 O filossemitismo é uma versão renovada do antissemitismo.

como vigia. Seu sinal de reconhecimento? O piedoso "Isso nunca mais!". Não faltam figuras que personificam tal grupo, mas citá-las pelo nome seria inadequado, muito em virtude dos mal-entendidos sinceros. Mas, embora a elegância tenha algum mérito, ela tem seus limites. Como eu poderia, por exemplo, resistir ao prazer de citar Edwy Plenel?

Aí está, para o Estado e para a sociedade política. Isso também vale para a sociedade civil nascida dessa estrutura, que pode ser dividida de acordo com sua condição e seus interesses dentro da ampla gama de sensibilidades que constituem o campo político branco. E que, em termos de racismo (com algumas exceções na extrema esquerda), vai do antissemitismo mais flagrante ao mais sutil filossemitismo.

Com toda a honestidade, admito ter dúvidas sobre aqueles que chamo aqui de "judeus egoístas". Seria eu tão insolente a ponto de me considerar menos antissemita do que eles? Por que não, afinal de contas? De qualquer forma, isso é discutível. Pois não basta ser judeu para não participar da reprodução do antissemitismo. Voltarei a esse assunto.

No final desta manifestação – porque pretendo demonstrar que sou efetivamente "a pessoa menos antissemita da França" –, cada um será livre para se deixar convencer ou não. Mas admito, apesar dessa polidez, que ouso esperar conquistar corações. O leitor magnânimo terá compreendido que o interesse não é tanto provar que sou realmente "a pessoa menos antissemita da França", mas, sim, meditar sobre as implicações dessa hipótese, caso ela fosse comprovada, a saber, que *todos* seriam potencialmente mais do que eu. Se assim fosse, teríamos que parar tudo e começar um sério exame de consciência. Pois então precisaremos de uma ruptura radical com as tradições de luta contra o antissemitismo e de um questionamento profundo dos postulados ideológicos que as alimentam.

Para completar esse exercício, teríamos que passar pelo teste da verdade. O primeiro passo consiste em estabelecer um diagnóstico sólido e rigoroso da questão judaica. A premissa marxista, frequentemente citada, mas raramente usada, servirá como fio condutor: "O judaísmo se manteve não apesar da história, mas pela história".

Como a verdade não pode ser contemplada de braços cruzados, essa premissa terá de ser confrontada com as mudanças do capitalismo, dos Estados-nação ocidentais e do contrato social entre os governos e a sociedade civil, das convulsões geopolíticas e das lutas e resistências a fim de se chegar a uma proposta.

O objetivo é acabar com o antissemitismo ou, mais modestamente, tomar o caminho mais curto e mais rápido para atingir essa meta. Conseguir isso exige de nós acabar com o banimento dos judeus da história e acabar com sua sacralização. Para dizer com mais clareza, precisamos libertá-los do estatuto de vítimas atemporais e torná-los responsáveis pelas suas escolhas, por todas as suas escolhas e, portanto, pela sua própria existência. Em suma, reintegrá-los à humanidade genérica, confrontando-os com sua liberdade, no sentido que Sartre deu à palavra "liberdade".

Sigo em frente, mas não sem antes implorar para que a verdade segure minha mão.

Primeiro, restabelecer a verdade

A verdade é o que mais nos falta atualmente. Ela foi engolida pela totalidade neoliberal. Pode-se até dizer que ela foi abolida. O processo de abolição da verdade é antigo. Exemplo: a narrativa que prevaleceu desde 1945, segundo a qual os norte-americanos teriam libertado a Europa do nazismo, é uma dessas mistificações que permitiram às classes dominantes ocidentais, muito enfraquecidas depois da guerra, uma recuperação, apesar da verdade maciça e indiscutível de que a participação soviética no esforço de guerra (20 milhões de mártires, no mínimo) contra os nazistas foi decisiva para a libertação. Os regimes que se sucederam na França desde aquele período contribuíram todos, mais ou menos, para a falsificação dos fatos, até mesmo a última mentira: a do fim da história, que eles repetiram incansavelmente. "Fim da história" como sinônimo do fim das contradições e dos conflitos gerados pelo capitalismo, ou seja, a negação da lei fundamental (a verdade) de que o capitalismo produz exploração e priva os explorados de sua liberdade. Uma enésima mentira que produz a necessidade de mais mentiras e as multiplica até o infinito. Até a *overdose*. Até a obscenidade. Em jantares sociais, já não nos abstemos, não sem alguma emoção, de nos referirmos ao grande mufti de Jerusalém como a principal inspiração de Hitler. Mas, desde Macron, a mistificação se tornou excessiva. O terreno está mudando. Tudo é falso. E nesse mundo distópico que martela nossa consciência coletiva, tudo se torna possível. Manouchian, o imigrante, o comunista, o revolucionário, não foi *panteonizado* pelas mesmas pessoas que pisotearam o ideal pelo qual ele se sacrificou? A oferta pública da luta contra o antissemitismo pela extrema direita não é sinal paroxístico da confusão geral em que nos encontramos? Abolida a verdade, a história e as contradições, a captura e o desvio de Manouchian ou a luta antifascista se tornam possíveis. Esses crimes só podem ter ocorrido porque a verdade não existe mais.

Se abolir a verdade tornou-se essencial para os detentores do poder, não é porque a realidade não existe mais. Pelo contrário, ela nunca foi tão poderosa ou tão ameaçadora. As pessoas trombam com ela em todos os lugares, o tempo todo. As primeiras colisões ocorrem com as próprias classes dominantes, aquelas que decretaram o fim da história e que devem enfrentar a ira popular em todo o mundo. A história se rebela e, quanto mais ela é negada, mais terrível ela se torna.

A prova é o 7 de outubro.

A deflagração que restabeleceu a verdade suprema. Os palestinos existem. O pequeno povo palestino, o minúsculo povo palestino *é*. Fomos informados a esse respeito em 7 de outubro de 2023, ao custo de 1.100 vítimas israelenses (das quais, cerca de dez crianças) e provavelmente o dobro ou o triplo do número oficial de mortes palestinas.[3] Essa sequência, iniciada pelas forças de luta de um povo esmagado e condenado a desaparecer, assim como os chamados "índios americanos", os aborígenes australianos e outros tasmanianos, constitui o que Badiou chamaria de "acontecimento". A fórmula "há um antes e um depois" nunca havia sido tão densamente verificada desde o 11 de setembro. O confortável *status quo* do *antes* – quando os palestinos morriam pouco a pouco, à sombra da normalização – não existe mais, e o *depois* – de um povo que se recusa a acatar o destino dos povos exterminados e que expressa isso na única forma permitida por seus carrascos – já entrou para a história. O mundo é compelido por esse acontecimento: o mastodonte estadunidense e seu vassalo europeu, bem como os regimes árabes subservientes e as potências capitalistas

3 Até o momento, 45 mil mortes oficiais.

emergentes – Rússia, Irã, Índia, China – candidatas à hegemonia. Todas as cartas foram embaralhadas: a questão palestina e a questão judaica, mas também, numa imagem espelhada, a questão branca. Uma pergunta permanece: como e para o benefício de quem essas cartas serão redistribuídas? Se nossa esperança for que elas favoreçam a justiça e a dignidade humana, torna-se imperativo restabelecer a verdade. Afinal de contas, o que está morrendo não é tanto a verdade como conhecimento "total", como jornada perpétua rumo ao conhecimento absoluto, mas a verdade companheira da virtude, a companheira do bom e do justo. O que realmente nos falta é uma bússola moral, sem a qual a história não passa de uma "artimanha para fazer de nós seres humanos adulterados".[4]

Verdade. O judaísmo sobreviveu, não apesar da história, mas por meio dela

"Durante 2 mil anos, estivemos sob constante ameaça. [...] E por qual razão? Por nenhuma razão."[5] Quem diz isso é Elie Wiesel, apelidado de "o Jesus da Shoah". Hannah Arendt só pode zombar de tal ficção:

> Não é de surpreender que essa doutrina tenha sido adotada por antissemitas profissionais; é o melhor dos álibis para todos os horrores. Se é verdade que por mais de 2 mil anos a humanidade tem matado judeus, então o assassinato de judeus é uma

4 Genêt, *L'ennemi déclaré*. In: Dichy, *Œuvres complètes*, t.VI, p.99.
5 Wiesel, *Against Silence*, p.283.

ocupação normal, até mesmo humana, e o ódio aos judeus é justificado sem a necessidade de qualquer explicação.[6]

A resposta à referida ficção é uma pergunta igualmente fictícia: como um povo que vivenciou a solução final pode, por sua vez, tornar-se carrasco? Aqueles que fazem essa pergunta endossam a ideia de uma essência judaica. A vitimização corre no sangue dos judeus, tanto quanto sua inocência. Da mesma maneira, é espantoso quando o revolucionário judeu dá lugar ao reacionário. Mas, correndo o risco de entristecer as belas almas, a consciência histórica não se transmite pelos genes. A tendência dos judeus estadunidenses, franceses e britânicos de se voltarem para a direita foi observada pelas ciências sociais e encontra-se documentada. Na França, Zemmour, o homem que reabilitou o marechal Pétain, conseguiu conquistar grande parte do eleitorado de confissão judaica,[7] e muitos deles se entregaram à tentação de Sarkozy em 2012. Embora essa tendência seja alarmante, continuar a se surpreender com ela em vez de analisá-la não é apenas uma pulsão antissemita, é também um erro. De fato, não há razão para não submeter a questão judaica a uma metodologia rigorosa e às leis fundamentais da história. Como Maxime Rodinson já nos sugeriu: "O judaísmo pode ser explicado pela história, e não fora da história. Ele não tem direito a nenhum privilégio científico ou moral".[8]

Sejamos claros: não existe milagre ou excepcionalismo judaicos, assim como não existe fatalidade antissemita. São as

---

6 Arendt, *Sur l'antisémitisme*, p.7.

7 Bafoil, Zemmour: les Juifs pour cible, *Le Jours*.

8 Rodinson, Preface (1968). In: Léon, *La conception matérialiste de la question juive*, p.60.

condições materiais (que não podem ser reduzidas a determinismos econômicos) que explicam tanto a sobrevivência do judaísmo ao longo do tempo e do espaço quanto o antissemitismo ou a ausência de antissemitismo. É o que todos os historiadores sérios nos dizem.[9] Mesmo que as discordâncias persistam, todos eles concordam que a perseguição aos judeus na Europa nunca foi permanente. Ela era indiscutível sob a Igreja cristã, mas não necessariamente endêmica e imutável. Os judeus também foram protegidos por um longo período, assim como foram interlocutores privilegiados dos poderes feudais por causa do papel que desempenharam, de acordo com o que Abraham Léon chamou de "povo de classe".[10] É preciso voltar ao caráter pluralista da época pré-moderna, quando os poderes do Estado eram relativamente fracos, a ideia de nação era embrionária, e o poder unificador, praticamente ausente. A fidelidade das várias comunidades se limitava ao pagamento de impostos e a uma contribuição militar. Quanto ao resto, elas administravam a si mesmas. A partir de então, sucessivas gerações preservaram e transmitiram os ritos, as tradições, as culturas e as identidades tanto para os judeus quanto para outros grupos, mas especialmente para os povos judeus, "cuja sobrevivência em sociedades pluralistas com pouca força unificadora foi garantida pela combinação que fizeram entre o particularismo religioso e o particularismo étnico".[11] A partir de

9 Calimani, *L'errance juive*, v.1-2; Calimani, *Le préjugé antijuif*; ciclo de conferências da Associação de Historiadores da EHESS, ocorrido em 2016-2017, cujo tema foi "Histoire des juifs en Europe, de l'antiquité à nos jours".

10 Léon, *La conception matérialiste de la question juive*.

11 Rodinson, Preface (1968). In: Léon, *La conception matérialiste de la question juive*, p.43.

então, se os judeus permaneceram como judeus, não foi tanto por um desejo feroz de permanecer assim, mas porque as forças sociais e políticas o permitiram. Foram os Estados-nação da Europa ocidental, destruidores de particularismos e com forte função unificadora, que procuraram assimilar os judeus. Se o capitalismo não fosse intrinsecamente um gerador de crises, os judeus poderiam ter desaparecido como tantos outros grupos. Além disso, nos chamados países "atrasados" da Europa central e do Islã, ou seja, países não capitalistas, os judeus mantiveram suas especificidades culturais e sua homogeneidade. Nos Estados capitalistas avançados, por outro lado, eles estavam à mercê de todos os ventos. Por um lado, precisavam ser assimilados (esse era o projeto nacional); por outro, foram usados para resolver as repetidas crises do capitalismo por meio da recriação da unidade baseada no Estado racial integral,[12] entre a burguesia (responsável pela crise) e o proletariado branco (sua vítima imediata) contra o bode expiatório judaico, duplamente vitimado, primeiro como proletariado potencialmente revolucionário e, depois, como raça prejudicial à pureza nacional. O restante da história todos conhecem.

Após a guerra, as cartas foram novamente embaralhadas. Era necessário reconstruir o poder do Estado, salvar o que podia ser salvo do capitalismo, confrontar o comunismo e as lutas de libertação do Terceiro Mundo, mas também resolver a crise moral nascida do genocídio nazista e da colaboração. Eis aqui a era do novo pacto racial entre o bloco no poder e a sociedade política e civil. Era importante salvar o domínio colonial, porém o racismo descarado de papai não seria mais aceitável.

---

12 Bouteldja, *Beaufs et barbares, le pari du nous*.

Por um bom motivo! Auschwitz. Por um bom motivo! O Terceiro Mundo em ebulição. A nova face do racismo de Estado assumirá, para negros e árabes, a forma de paternalismo, e para judeus, a de filossemitismo.

O Estado de Israel entrou em cena e propôs sua própria solução para a questão judaica. Os judeus deveriam desempenhar um novo papel. Eles seriam bem-vindos, mas em outro lugar, na Palestina. E se fossem tolerados no Ocidente, seria apenas como aliados do poder e da contrarrevolução. Mas eles nunca se tornaram totalmente brancos. Só seriam úteis na condição de judeus. Lá, para servirem ao projeto imperialista, e aqui, para servirem ao projeto branco, desde que, é claro, parecessem judeus o mínimo possível e soubessem permanecer em seu devido lugar.

No entanto, o mundo árabe pós-colonial não ficou para trás. O antissemitismo, que quase não existia, irá florescer ali. Abraham Serfaty se recusa a ver o surgimento da questão judaica como consequência "mecânica" da criação do Estado de Israel. No Marrocos, ele a vê mais como um efeito de decisões políticas apoiadas pela burguesia (judaica e muçulmana). Segundo ele, a burguesia do xarifado viu na criação do Estado sionista uma oportunidade de se livrar de seus judeus pobres, em especial o campesinato judeu das montanhas do Atlas e do sul, que eram os alvos preferidos dos "recrutadores" sionistas.[13] Depois de 1967, os judeus marroquinos foram literalmente "vendidos" ao sionismo pelos mesmos burgueses que adotaram e promoveram formas europeias de antissemitismo para acabar com o "judaísmo autêntico" marroquino. Como

---

13 Elbaz; Serfaty, *L'Insoumis. Juifs, Marocains et rebelles*, p.93-94.

resultado, o país foi esvaziado de mais de 45 mil judeus e, com eles, parte de sua alma.

Marx estava certo. Os judeus foram criados pela história, e não apesar dela, com uma especificidade atual que a supremacia branca atribui a eles: nem acima nem abaixo. Nem brancos nem negros, à mercê de alguns e contra outros, associados a interesses e crimes das elites e isolados das classes populares. Em suma, no centro dos antigos ódios que se prolongavam e se misturavam com os novos, em benefício da ordem racial e da unidade ocidental e pró-ocidental.

Verdade. A unidade filossemita, pedra angular do Estado racial

Apesar de minhas orações, Sartre não foi fuzilado.[14]

Depois do 7 de outubro, um ativista de esquerda que considero ser produto dos afetos filossemitas me confidenciou seu descontentamento. Ele me disse quão doloroso era para ele tomar partido num "conflito" que colocava em risco sua dupla lealdade, aos judeus e aos palestinos. Ele me escreveu:

---

14 "Fuzilem Sartre!" é o título da introdução de *Les blancs, les juifs et nous*, no qual tentei explicar, de acordo com Edward Saïd e Abdelkébir Khatibi, como Sartre, apesar de sua consciência *antiantissemita*, não conseguiu entender a questão judaica e como, por não combater as estruturas do racismo, ou seja, o Estado racial e o pacto que sela o vínculo orgânico entre o proletariado branco e a burguesia, ele contribuiu para a formação de uma forma de antissemitismo que inerva a esquerda branca e que deve ser chamada de *filossemitismo*.

> Quando chegar a hora, você me dirá o que se passa com a nossa amizade. De minha parte, estou ansioso por isso, porque você é um dos polos de meu conflito interno. Para simplificar – pois, para mim, essas questões têm sempre a ver com as relações –, digo que estou dividido entre a minha lealdade para com X[15] e o meu desejo de aliança com você, esperando manter as duas relações de amizade.

Minha reação: "Era justamente isso que eu dizia: o árabe e o judeu estão nos dois polos do rompimento sartriano branco, que é o seu. Obrigado por 'confessar' esse ponto".

O rompimento branco não surgiu do nada. É consequência do contrato moral francês, fundado depois de Vichy na partilha da culpa pela colaboração, como garantia da estabilidade da ordem nacional liberal-democrática. Esse contrato moral é, ele próprio, parte integrante do contrato social e racial que solidariza os interesses do Estado burguês e os da sociedade civil branca. Por "filossemitismo de Estado" entendo, portanto, a condição de efetivar a unidade entre brancos aplicada ao judaísmo francês, como um compromisso que garante tanto o privilégio nacional branco, indispensável para a continuidade do projeto imperialista, quanto a sua redenção pós-Auschwitz. Isso significa tutela: os judeus da França passaram a depender da boa vontade do príncipe. Impedidos de se tornarem brancos, tampouco podiam ser tratados como nativos. Na nova ética branca, eles ocupam uma posição intermédia de não totalmente brancos nem totalmente nativos. Um lugar que pode parecer confortável, mas que se revela, sobretudo, perigoso.

---

15 Universitário judeu francês que mantenho no anonimato.

Entre o Estado e a sociedade civil, existe a sociedade política em geral e a esquerda branca em particular. Parte interessada do pacto racial, a esquerda não luta contra o antissemitismo; ela o reproduz. Incluo grande parte da esquerda radical. Não por ela defender um projeto antissemita – longe disso –, mas porque suas pretensões revolucionárias são impedidas por sua participação na reprodução do pacto racial, seja porque se acomodou durante demasiado tempo numa abordagem apolítica do racismo, seja porque é filossemita. Todavia, ela não é filossemita por fatalidade, e sim porque não está disposta a romper com a colaboração de raça que lhe é proposta pela burguesia, condição para a perpetuação da questão judaica. É preciso dizer isso de uma vez por todas: há uma materialidade por detrás da fórmula "Isso nunca mais" que é tudo, exceto inocente. O drama dos palestinos não é tanto o fato de serem colonizados, mas, sim, serem colonizados por um Estado e por cidadãos que se identificam como "judeus". Isto é, pelo grupo que se tornou o fiador da solução para a crise moral do mundo ocidental. No final da Segunda Guerra Mundial, o Ocidente tinha a opção, perante o horror nazista, de pôr fim ao imperialismo (ou seja, ao capitalismo) e mudar seu modelo civilizacional ou, pelo contrário, prolongar o sistema capitalista de outras maneiras. O resto é história. À luz dessa escolha, devemos analisar o *slogan* "Isso nunca mais", deliberadamente vago e cinicamente transparente. "Isso nunca mais" poderia significar "genocídios nunca mais", "crimes em massa nunca mais", "guerras nunca mais", "colonização nunca mais". O pacto racial acabou por lhe dar o significado último: "Judeus nunca mais", e *somente* os judeus. Desde então, os judeus foram revalorizados, enquanto os crimes em massa atingiram os povos dominados – de Ruanda ao Iraque –, que não tiveram a sorte de serem eleitos pelo Ocidente imperialista para servir como fiadores morais. O significante judeu como perpetrador do crime... Isso tinha de ser feito. E o fizeram.

Se a solução filossemita foi adotada com tanto entusiasmo, é porque ela veio para socorrer a ordem racial e resolver essa contradição. Que os palestinos tenham sofrido com essa "compreensão cordial" entre brancos, morrendo aos milhares desde 1948, isso é simplesmente uma questão de perdas e ganhos. No caso de todos os judeus se tornarem reféns, será dito que Paris vale uma missa. Desde então, a boa consciência encontrou o terreno onde pode florescer ao máximo. Deixemos falar Karl Lagerfeld – um anjo alemão –, que, antes de se despedir, criticou Angela Merkel por sua política de imigração: "Vou dizer algo terrível. Não se pode matar milhões de judeus e depois fazer que milhões dos seus piores inimigos venham atrás deles".[16] Isso faz eco das palavras de Philippe Val, um anjo francês:

> Os reféns franceses [no Iraque] Christian Chesnot e Georges Malbrunot foram raptados por terroristas islâmicos que adoram cortar a garganta dos ocidentais, exceto de franceses, porque a política árabe da França tem raízes profundas que remontam ao regime de Vichy, cuja política antijudaica já era, por convenção, uma política árabe.[17]

---

16 Karl Lagerfeld, em entrevista para o programa *Salut les Terriens*, de 11 nov. 2017.

17 Val, editorial publicado em *Charlie Hebdo*.

Verdade. O sionismo, uma dignidade judia alienada.

Ninguém é inocentemente branco

Não se nasce sionista, torna-se um.

Eu gostaria de ter evitado relembrar essa obviedade, mas sou forçada a fazê-lo pelo período (quando a essência mais uma vez precede a existência).

Muitas vezes me perguntei: poderíamos nós, os nativos, ter aceitado a oferta sionista se ela nos tivesse sido proposta como uma solução para nossa condição? Eu gostaria de poder afirmar com audácia que isso teria sido recusado, que somos nobres demais para tal corrupção do espírito, especialmente porque o sacrifício de nossos ancestrais é bastante vivo para nos rebaixarmos a servos do Ocidente. Porém, considerando aquilo que sabemos, desde Fanon, sobre os afetos dos nativos em matéria de alienação, não é proibido acreditar nisso. Tudo depende da história, do lugar, do momento, do contexto. Quando vemos a atração dos muçulmanos nativos da França e de outros lugares pelo modelo dos países do Golfo, pela modernidade que eles exibem em termos de arquitetura, técnica, modo de vida e tudo o que acompanha o pacote – ecocídio, exploração ilimitada de trabalhadores do Sul da Ásia, sua escravidão, o racismo que isso gera, colaboração com Israel e com os piores regimes do mundo, a guerra implacável contra o povo iemenita... –, quando vemos como os ex-colonizados se acomodam diante dessa realidade enquanto observam a impecável "ética" islâmica (eles fazem suas cinco orações, o *zakat*, realizam sua peregrinação a Meca), a dúvida é permitida. A única coisa que posso dizer de modo prosaico é que, se não cedemos, é porque a oferta não nos foi feita.

Portanto, a adesão a uma ideologia ocidentalista e dominante como o sionismo não é uma característica judaica. É característica do colonizado, característica do alienado. Nada predispôs os judeus à adesão em massa ao sionismo. Eles resistiram por muito tempo e, por muito tempo, foram até mesmo os mais fervorosos antissionistas.[18]

Os primeiros judeus que abraçaram o sionismo eram das elites. Mas, e é importante sublinhar, não apenas porque eram burgueses. Eram também por serem judeus. Noutras palavras, eles pertenciam a um grupo dominado, temeroso e vulnerável. Esse fato é particularmente evidente nos Estados Unidos. Enquanto os dirigentes estadunidenses não manifestaram nenhum interesse estratégico em relação a Israel, as elites judaicas mantiveram-se à distância do Estado hebreu e até foram hostis a ele. O que elas mais temiam era serem acusadas de dupla lealdade. Mas, a partir de 1967, com a vitória de Israel sobre os árabes e a mudança de percepção por parte dos oficiais norte-americanos de alta patente, as elites judaicas tornaram-se os maiores fanáticos do Estado sionista.

Quanto aos judeus europeus da classe trabalhadora, a explicação deve ser encontrada tanto em uma compreensão apurada da branquitude (como alguém pode confiar naqueles que os enviaram para campos de concentração e que nunca os restauraram à cidadania plena?) quanto na alienação racial, ou seja, o amor que cada pessoa oprimida sente por seu opressor. Um súdito que espirra quando seu mestre pega um resfriado e que compartilha suas alegrias e tristezas conforme ele vence ou é derrotado. O sionismo preenche esse mal-estar existencial com suas

18 Orès; Sibony; Fayman (Org.), *Antisionisme, une histoire juive*.

ofertas: vingar-se da história, tornar-se superbranco enquanto finge continuar a ser o mesmo de sempre. "Os vencidos com máscaras de vencedores",[19] segundo a expressão de Simon Assoun, é o resumo de tudo isso.

Resta o enigma dos judeus árabes que não foram vítimas de genocídio. É certo que estar associado a um Estado forte e civilizado, quando se é súdito colonial, significa prestígio. Isso permite que se escape da própria condição. E o que mais? Há um nó, uma perversidade última que o Ocidente introduziu na alma dos colonizados. Trata-se de uma intuição que quero formular sob a forma de hipótese: para a consciência branca, a destruição dos judeus da Europa constitui o crime dos crimes. As vítimas disso são as vítimas das vítimas. É à luz dessa tragédia que a humanidade judaica foi reavaliada e pode merecer a graça dos senhores. Nesses termos, ser ou não ser vítima do genocídio nazista, essa é a questão que os judeus do Magreb só podem responder de modo negativo. É provavelmente aqui que devemos procurar a estranha hostilidade de muitos judeus orientais para com seus primos muçulmanos. Uma vez que não são vítimas do maior dos crimes, num universo que só os aceita como mortos ou como sobreviventes, se eles pretendem reivindicar a identidade europeia (ou seja, a humanidade), devem ratificar o seu desenraizamento – que o colonialismo já tinha precipitado – reivindicando sua "parte na Shoah".[20] Como vimos anteriormente, isso foi feito com a ajuda da propaganda

19 Em reunião da Tsedek em Paris, 30 mar. 2024.

20 Fórmula que tomo emprestada de Alain Finkielkraut, pela qual ele acusa os nativos de disputarem entre si o título de maior vítima quando exigem o reconhecimento de crimes coloniais.

sionista e burguesa, que não poupou esforços para acelerar a identificação dos judeus orientais com os judeus europeus. Por exemplo, estabelecendo um paralelo fraudulento entre o Farhoud (motim antijudaico de Bagdá em 1941) e a Shoah.

> Eu já havia ouvido sussurros sobre o que acontecera "lá" na sinagoga de Bagdá. Sempre sussurros. Sentia vagas lembranças do Farhoud surgindo em mim, os motins em Bagdá, a fuga pelos telhados, o punhal cravado no peito de nosso vizinho Tafakha e a conversa com meu pai:
>
> – Pai! É como o Farhoud?
>
> – Sim e não. Esqueça, você é muito jovem, meu filho!
>
> Meu pai franziu os lábios e projetou o queixo.
>
> Mais tarde, vieram as orações na sinagoga, os *selichot* penitenciais, o jejum, mas os trens continuaram a levá-los para a morte...
>
> – Por quê? Por quê? – gritei para meu pai.
>
> – Porque somos judeus, meu filho! Os cristãos lá, muçulmanos aqui.[21]

Felizmente, a falsificação da história tem seus limites. O antissemitismo em terras árabes é, na maioria das vezes, reação à instrumentalização colonial (decreto Crémieux) ou sionista da questão judaica. Procurar uma ligação com a história moderna do antissemitismo europeu é tarefa inútil e condenada ao fracasso, podendo apenas produzir paixões tristes. Tão tristes quanto o resultado da hipótese: se o irmão árabe é desprezado, não é por ser culpado, mas por ser inocente.

---

21 Amir, *Scapegoat*, p.30 apud Oppenheimer, The Holocaust: A Misrahi Perspective, *Hebrew Studies*, p.310-1.

No entanto, os sobreviventes do crime nazista, que eram muitos, desconfiavam do projeto sionista. A começar por Primo Levi, que declarou: "O centro de gravidade do mundo judaico deve voltar atrás, livrar-se de Israel e regressar à diáspora".[22]

Outros, como Zygmunt Bauman, confrontados com os repetidos massacres do Estado sionista, profetizaram, já na década de 1980, que isso asseguraria "um triunfo *post-mortem* para Hitler". Atualmente podemos dizer que o genocídio em Gaza é sua vitória final. Quanto a Theodor Herzl, ele provavelmente estava a mil léguas de imaginar o triunfo da sua ideia quando prometeu que um lar judaico nacional transformaria os judeus em homens novos, mais alemães do que os alemães.

Mas, alguém dirá, os israelenses não são responsáveis pelos massacres cometidos por um governo de extrema direita. Ao que é fácil responder que tais massacres já foram cometidos por governos trabalhistas e que a opinião pública israelense está totalmente de acordo com o seu governo quando se trata de lidar com os palestinos. No entanto, isso não basta para determinar a responsabilidade plena dos israelenses. Porque, para além da situação atual, há uma questão estrutural, a saber, o fato colonial sionista desde sua criação em 1948. Se uma sociedade política foi fundada sobre esse crime e continua a existir por causa de sua perpetuação, então todos aqueles que dele se beneficiam – exceto as crianças – são moralmente responsáveis.

Como dizia Aimé Césaire, ninguém coloniza inocentemente. Por conseguinte, ninguém é inocentemente israelense.

---

22 Apud Mishra, La Shoah après Gaza, *Lundimatin*.

Verdade. O antissemitismo aumenta

Entre os nativos

Em 1967, James Baldwin observava que o sofrimento do povo judeu era "reconhecido como parte da história moral do mundo", ao passo que "o mesmo não acontecia com os negros".[23] Esse exemplo foi seguido por Maxime Rodinson: "o problema palestino criado pelo sionismo espalhou, como era inevitável, o ódio ao judeu nos países árabes, onde antes o antissemitismo era praticamente desconhecido".[24]

Fazer da Shoah o único crime reconhecido e "reparado" do Ocidente só poderia suscitar o ódio dos colonizados e dos descendentes dos deportados africanos. Instalar uma colônia judaica no coração do mundo árabe só poderia suscitar o ódio daqueles que se viam roubados. Se, além disso, o poder branco, para se manter, hierarquiza, joga com os antagonismos e faz as diferentes comunidades raciais competirem entre si, protegendo umas e oprimindo outras, o resultado é fatal, para não dizer programado: os judeus tornam-se alvo por substituição do poder branco, o grande organizador da ordem racial. É nesse terreno que prosperam as ideologias mais funestas. Na França, foi a aliança de extrema direita de Dieudonné e Soral que deu expressividade política ao ressentimento popular, que é produto dessa situação. Para descrever a evolução dos sentimentos judeofóbicos em meio à população nativa, não tenho

---

23 Apud Mishra, La Shoah après Gaza, *Lundimatin*.

24 Rodinson, Preface (1968). In: Léon, *La conception matérialiste de la question juive*.

medo de utilizar a palavra "*ensauvagement*",[25] no sentido utilizado por Aimé Césaire e que Mohammed Merah encarnou de forma tão terrível no dia do massacre da escola judaica Ozar Hatorah. E não é a guerra genocida que Israel trava contra Gaza, em nome dos judeus, que convencerá a opinião pública mundial dos méritos da luta contra o antissemitismo. Pelo contrário, se a hostilidade contra os judeus estava historicamente confinada ao Ocidente, agora ela se espalha em escala mundial, atingindo populações que antes desconheciam esse sentimento. O *ensauvagement* é um processo global.

Entre os brancos

A peste castanha regressou com força enquanto a esquerda radical entrava em colapso. O parêntesis social-democrata se fechou. A maior parte das chancelarias ocidentais, ocupadas em servir o capital, rompendo o contrato social nascido do compromisso do pós-guerra, fecham os olhos à hegemonização do nacionalismo, isso quando não o encorajam a esmagar a resistência popular. Por toda a Europa, a extrema direita progride, em toda parte ela se aproxima do poder, isso nos lugares onde ainda não o conquistou. Por todo o lado, ela regressa com o seu passado antissemita, mesmo quando finge tê-lo apagado, como na Alemanha, onde os neonazistas voltaram a se exibir.

---

25 Podemos entender *ensauvagement* como *processo de tornar alguém selvagem*, e o termo poderia ser traduzido como *brutalização*. No entanto, optei por deixá-lo em língua francesa para não suprimir a estranheza do texto original, pois, até hoje, somente *ensauvager* é dicionarizado, de acordo com o Centre National de Ressources Textuelles et Lexicales. (N. T.)

Na França, a literatura antissemita de extrema direita floresce.[26] Está bem implantada e é apoiada por um projeto racista reivindicado que, embora revestido de um verniz de respeitabilidade, não é menos supremacista. Mas o que interessa aos meios de comunicação social é menos a evolução desse projeto do que as palavras e as aproximações da esquerda radical, de Mélenchon em particular, embora não haja nenhuma ambiguidade antissemita nos programas daqueles que são estigmatizados como *islamoesquerdistas*. Que os esforços dessa esquerda se orientem sobretudo para um projeto antirracista, isso não faz diferença. O que importa é destruir as forças políticas que atrapalham o neoliberalismo racista e, se isso significar instrumentalizar a questão judaica, eles o farão sem pudor e sem limites. Ao contrário do que afirma Marine Le Pen, o pensamento antissemita continua a estruturar o edifício ideológico da RN. Os judeus não fazem parte da nação ("franceses de confissão judaica", diz o RN; "israelitas", disse Raymond Barre na noite do atentado da rua Copernic em 3 de outubro de 1980). São sempre suspeitos de quererem destruí-la ou dominá-la. A distinção entre "capitalismo cosmopolita" e "capitalismo patriótico" está cheia de insinuações. E o que dizer do fato de o pretendente ao trono, Jordan Bardella, se recusar a reconhecer o antissemitismo de Jean-Marie Le Pen?

No coração do poder

O antissemitismo se desdobra novamente na extrema direita porque o Estado racial permitiu, e até o encorajou. Não nos

26 Monzat, Des maisons d'édition entretiennent la mémoire de l'antisémitisme nazi, *Contretemps*.

enganemos. "Judeus nunca mais judeus, e *somente* judeus" não significa *todos* os judeus. É preciso ler o contrato até o fim e não negligenciar as cláusulas escritas em letras pequenas. O que elas dizem? Que os judeus devem permanecer sábios e leais ao Estado. Se pensarem em emancipar-se, o Estado será impiedoso; se pensarem em contestar o papel de caução que lhes foi atribuído, a sanção será aplicada com a mesma rapidez. Donald Trump não disse que "os judeus que votam no Partido Democrata são desleais ao povo judeu e muito desleais a Israel"? A França e a Alemanha não começaram a perseguir os "judeus maus" que ousaram contestar a censura pós-7 de outubro? Que os dois maiores "amigos" europeus dos judeus, um carregando o fardo do nazismo, o outro da colaboração, se voltassem contra eles tão automaticamente é um dos sinais mais assustadores do período. O filossemita só tolera o judeu que é domesticado e submisso à sua lei. Se a lei for transgredida, o antissemita escondido atrás da fachada de benevolência ressurge. O que causa inquietação é que, sem dúvida, o sentimento mais profundamente enraizado no coração dos judeus encontra aqui seu significado mais íntimo. Com razão.

O que fazer, apesar da história?

Não estou em total acordo com Marx. Não acredito que todos os judeus sejam feitos pela história. A resistência judaica foi formada *apesar* da história. Penso naquelas gerações de judeus revolucionários, pontas de lança da luta comunista ou anticolonialista. Penso nos judeus do gueto que se agarraram à sua dignidade pisoteada ao preço da morte, penso nos anticolonialistas judeus que souberam reconhecer nos *mujahideen* argelinos e nos combatentes vietnamitas os herdeiros dos seus próprios antepassados. Penso nas gerações de judeus antissionistas que recusaram o abraço mortífero. O papel histórico desses judeus é inegável, mas ele desapareceu com o tempo. Presos nas garras da razão branca, eles são mais uma vez confrontados com sua liberdade: sucumbir à história ou fazer história.

Se, como diz Sartre, "o homem é uma liberdade em uma situação", o judeu, como qualquer outra pessoa, deve tomar consciência de si. De "inautêntico" por fugir de sua liberdade – sendo o sionismo a forma mais manifesta da sua capitulação e, depois, de seu *ensauvagement* –, ele deve passar para a autenticidade, "viver até o fim na sua condição de judeu".[27]

Esse gesto será primeiramente o dos *self-loving jews* [judeus que amam a si mesmos]. Esses judeus de honra, para os quais o martírio de seus antepassados não é uma renda nem um privilégio, mas uma herança da qual é preciso se mostrar dignos. Judeus que se respeitam o suficiente a ponto de correrem o risco doloroso de serem vistos como traidores aos olhos de seus próximos e de travarem batalhas dentro de sua própria sinagoga, sua comunidade ou sua família, cujas dúvidas e preocupações legítimas as empurram para os braços da solução sionista. Uma solução que promete segurança existencial e aparentemente liberta o judeu do sofrimento de ser judeu em um ambiente branco, mas que, na realidade, faz dos palestinos os "judeus dos judeus", e dos judeus os brancos bem pouco inocentes. Em suma, os *self-loving jews* sabem que sua comunidade é feita pela história e conhecem as razões de sua mudança na reação, mas também sabem que são suficientemente apegados

27 Sartre, *Réflexion sur la question juive*, p.110.

a essa comunidade para acreditar que ela é reformável e digna de ser realizada, *apesar* da história.

Esse gesto também será o de todos os não judeus, começando por aqueles que erradicarem qualquer relacionamento neurótico com eles. Para mim, podemos distinguir três categorias de estratégias entre os judeus. Primeiro, há aqueles que tendem à direita, à islamofobia e ao sionismo. Esses são inimigos. É preciso combatê-los. Depois, há aqueles que, pelo contrário, permanecem fiéis à sua história revolucionária, permanecem ancorados na luta de classes, defendem as vítimas circunstanciais do racismo de Estado, os negros, os muçulmanos, os ciganos; eles são radicalmente anticolonialistas e, portanto, antissionistas, estão no nosso acampamento e são irmãos e irmãs na luta. Por fim, há o grande ponto fraco daquelas e daqueles que não são realmente determinados do ponto de vista político. Vagamente sionistas por cultura familiar, mas não realmente engajados, mais ou menos assimilados... Na condição de ativistas decoloniais, nossa tarefa é convencê-los a se juntarem ao campo da emancipação. Isso é tudo.

Porém, todos esses desenvolvimentos não teriam sentido se não fossem articulados em uma proposição. Antes de abordar esse ponto, convém mencionar um erro do círculo antirracista ao qual pertenço. Aquele que consiste em mirar apenas na instrumentalização do antissemitismo em detrimento do próprio antissemitismo, como se este último fosse de menor importância. Mais do que um erro, trata-se de uma falha moral e política. Nenhuma luta contra a instrumentalização de um fenômeno pode ter sucesso sem lutar contra o próprio fenômeno. Não se tratará, portanto, de considerar a instrumentalização do antissemitismo como objetivo principal. Para acabar com a instrumentalização, é preciso acabar com o antissemitismo, ponto-final. Contudo, neste mundo sem pé nem cabeça, o que deve ser atacado para a realização de tal projeto não é o antissemitismo, mas, sim, a islamofobia.

Proposição

Lutar contra a islamofobia

Qualquer programa contra o antissemitismo estará fadado ao fracasso se a islamofobia não se tornar, para todos os antirracistas sinceros, o principal racismo, aquele a partir do qual o bloco no poder lançou sua ofensiva contra as classes perigosas, a matriz à sombra da qual todos os outros racismos são gerados e regenerados. Isso é evidenciado pelos efeitos colaterais da lei separatista, que aparentemente tem como alvo principal os muçulmanos, mas afeta a comunidade judaica. Isso é evidenciado pelos comentários de Darmanin, que se sente ofendido com a comercialização de produtos *halal* e *kosher*, bem como com o questionamento de escolas judaicas etc. O sábio conselho de Fanon aos povos colonizados árabes e africanos para que ouçam atentamente os comentários antissemitas deve ser invertido: *Judeus, quando falarem sobre muçulmanos ou negros, ouçam atentamente, eles falam sobre vocês.* Combater a islamofobia significa combater a negrofobia, o anticiganismo e o antissemitismo.

Romper a unidade filossemita

Essa é a principal tarefa da esquerda. Que o Estado e seus zeladores mantenham o pacto racial de uma forma ou de outra (racismo aberto e desinibido, racismo cirúrgico direcionado apenas a certas populações, racismo paternalista ou filossemita), isso é um dado contra o qual nada pode ser feito imediatamente. No entanto, quando a esquerda autodenominada *antiantissemita* se entrega a esse jogo de engano, isso é algo que deve ser questionado. De todo modo, trata-se de uma oportunidade única para questionar a colaboração racial, isto é, a própria cumplicidade na construção e preservação da ordem racial e, por extensão, da ordem antissemita. Essa é uma oportunidade genuína para se demonstrar consideração pelo judaísmo francês, que, acima de tudo e com razão, exige garantias de sua segurança existencial. Todavia, a esquerda que se pretende emancipatória deve essa segurança existencial tanto aos judeus quanto a todos os outros não brancos. A luta antirracista deve fazer parte de uma perspectiva global de *desracialização* do Estado-nação. Isso só pode ser feito por meio de ampla luta contra o capitalismo e sua vanguarda, o imperialismo. De um ponto de vista concreto, a proposta feita aos ignorantes e aos bárbaros[28] para recuperarem sua autonomia em relação ao Estado é também uma proposta dirigida aos judeus.

Libertar os palestinos da questão judaica

É pelo dano que a questão judaica causa aos palestinos que sinto minha raiva mais profunda. Os palestinos, que são os mais inocentes dentre todos os atores dessa tragédia indizível, pagam um preço intolerável. Colonizados pelo grupo designado para resolver a crise moral do Ocidente, sua resistência é

28 Bouteldja, *Beaufs et barbares*, op. cit.

um crime, qualquer que seja a forma que assuma. Certamente, qualquer resistência é um crime para o colonizador, mas a dos palestinos sofre reprovação moral de um poder jamais igualado na história recente. Por trás do colono francês há um francês, por trás do colono britânico há um britânico, por trás do colono estadunidense há um estadunidense. Então, quando o argelino, o irlandês ou o vietnamita lideram uma operação de resistência, pacífica ou não, contra seu opressor, ele a lidera contra um colono. Quando um palestino realiza um ato de resistência, pacífica ou armada, ele sempre ataca um colono, ele ataca um israelense. Seria legítimo traçar um paralelo entre os britânicos e os israelenses. É na condição de colonos que os britânicos, por meio dos irlandeses, ou os israelenses, por meio dos palestinos, tornam-se alvos. Porém, o paralelo não funciona. Porque enquanto no britânico há apenas um britânico, no israelense há um judeu. Não um judeu por sua qualidade intrínseca de ser judeu, mas um judeu por sua qualidade de caução moral. Além disso, toda vez que o palestino resiste, qualquer que seja a forma de sua luta, desde a mais pacífica até a mais violenta, ele está de fato atacando a virgindade branca. É aqui que o martírio palestino começa e que deve terminar, pois, afinal, como poderia mirar no colono sem atingir o judeu? Sartre confirma: "Assim, somos alérgicos a qualquer coisa que possa, direta ou indiretamente, assemelhar-se ao antissemitismo. Ao que muitos árabes responderão: 'Não somos antissemitas, mas anti-israelenses'. Eles provavelmente estão certos; mas poderão impedir que esses israelenses também sejam judeus para nós?".[29] Como não encontrar aqui a explicação

29 Apresentação de uma edição da revista *Le Temps Modernes* de 1967.

fria para o uso da palavra "*pogrom*"[30] na descrição do ataque de 7 de outubro? Uma operação de pura ofuscação, que permite hipertrofiar o caráter judaico das vítimas israelenses. O judeu tem, então, precedência sobre o israelense, que tem precedência sobre o colono. Segue-se que a reciclagem da palavra, sobredeterminada pela história antissemita e designadora do linchamento de uma minoria dominada (que os israelenses não são) por uma multidão encorajada por um consenso estatal racista,[31] revela seu objetivo supremo: substituir fraudulentamente as motivações militares e estratégicas do ataque por motivos estritamente antissemitas, trancando assim a jaula palestina e, ao mesmo tempo, transformando os propagadores da palavra em guardas prisionais. Como podemos ver muito bem, não há escapatória.

O povo palestino permanecerá preso na armadilha moral branca enquanto a questão judaica servir de álibi para manter a supremacia ocidental (por meio de Israel, sua vanguarda). Libertar os palestinos da questão judaica não é apenas defender seu direito à resistência em todas suas formas, mas também admitir de modo definitivo que o que caracteriza fundamentalmente um israelense não é tanto sua judeidade, aqui derrisória,

---

30 "Na memória judaica das perseguições europeias contra as quais o movimento sionista foi criado no final do século XIX, o terror desencadeado pelo Hamas sobre civis israelenses só pode evocar *pogroms* antissemitas" (Plenel, Israël-Palestine: la question morale, *Mediapart*).

31 A dominação racial do Estado está do lado israelense, não do lado palestino. Deve-se notar também que o renomado historiador Omer Bartov – acadêmico estadunidense de origem judaico-israelense e especialista no extermínio de judeus na Europa – contestou repetidamente que a operação do 7 de outubro constituiu um *pogrom*. Ver, por exemplo, Bartov, Notes sur l'attaque du Hamas et la guerre israélienne à Gaza, *Conditions*.

como era o cristianismo do francês da Argélia, mas o fato de ele ser um ocupante. Por fim, libertar os palestinos significa retirar dos ombros deles e dos judeus o fardo do homem branco, forçando o homem branco a enfrentar a si mesmo, sozinho. Ou seja, ensiná-lo a tornar-se novamente um homem.

Epílogo 1

Se tenho pressa em acabar com o antissemitismo, é porque nunca haverá solução para os palestinos de lá e para nós, aqui, se não houver solução para os judeus. Somos todos prisioneiros do Estado racial e imperialista, a despeito de qual seja a posição hierárquica em que nos encontremos.

Assim como há *self-loving jews*, há *self-loving muslims* [muçulmanos que se amam]. Estou entre eles. Sou afeiçoada à nossa beleza e à nossa capacidade de amar, duas qualidades ameaçadas por nossa integração na modernidade ocidental. O que mais me horroriza é nossa corrupção moral, sendo o antissemitismo uma de suas formas. Para deixar claro, empenho-me na luta por mim e por meus próximos. Entenda-se: desejo que os judeus, dos quais fomos separados, se tornem "um dos nossos" novamente. Mas sei que isso ainda é um projeto, não uma realidade. O caminho será longo. Mas ele merece ser percorrido.

Epílogo 2

Devolvamos a César o que é de César. Somos devedores de uma minoria da extrema esquerda marxista pela limpeza do terreno. Sem sua contribuição essencial, a questão judaica, presa como estava numa concepção atemporal e a-histórica de antissemitismo, nunca teria sido elucidada. Mas seus esforços permaneceram muito minoritários, além disso não romperam suficientemente com o eurocentrismo, sendo a questão do Estado racial o principal ponto cego do marxismo francês. Tentei aqui identificar os fundamentos gerais tanto de uma análise material da questão quanto das condições para sua resolução de um ponto de vista decolonial, que é a única maneira de se combater de fato o antissemitismo atualmente. Foi isso que o antirracismo político fez com sucesso, tendo conseguido reduzir significativamente as tendências confusionistas e conspiratórias de parte dos nativos, e, ao mesmo tempo, teve sucesso no desafio de uma progressiva *désensauvagement*.[32] Então, afirmo isso sem pestanejar e com orgulho: é no interior de nosso campo que os judeus estão mais seguros, e, acima de tudo, é onde sua humanidade nunca é monetizada. Eles são, entre nós, plenamente humanos e judeus, plenamente judeus e humanos.

Epílogo 3

Voltemos à minha promessa inicial: provar que "sou a pessoa menos antissemita da França". Parece que fiz isso com algum sucesso. Deixarei que vocês decidam se atendo a todos os requisitos. De fato, pertenço ao movimento decolonial que, desde o início de sua existência, tem se empenhado em propor um roteiro teórico e prático para restaurar a politização do racismo e do imperialismo nos termos desenvolvidos

32 Isso não exclui os atos antissemitas isolados nem uma eventual *backclash* [reação violenta] judeofóbica se o contexto se deteriorar e se o anticolonialismo político regredir.

anteriormente. Identificamos o racismo antijudaico, em sua forma antissemita ou filossemita, como estrutural, e reconhecemos os judeus como uma categoria de não brancos. Condenamos a aliança de Dieudonné e Soral, alertamos contra o *ensauvagement* dos nativos, denunciamos a integração por meio do antissemitismo e, acima de tudo, participamos da implementação de um programa de *desracialização* do Estado por meio de uma política e de uma estratégia partidária. Pessoalmente, tenho encarnado essa causa ao contribuir ativamente com meus escritos durante quinze anos no Parti des Indigènes de la République (PIR). Continuo a fazer isso como ativista decolonial. Vou parar por aqui, mas se alguém disser que tem um histórico melhor, que essa pessoa me avise. Terei prazer em lhe pagar uma bebida. Não posso deixar de comemorar por conhecer alguém que seja menos antissemita do que eu. O que poderia ser mais satisfatório, na verdade, do que perder minha aposta?

Resta, no entanto, um enigma a ser resolvido concernente à minha pequena pessoa. Certamente, todos os críticos decoloniais e os verdadeiros anti-imperialistas são arrastados pela lama e estigmatizados como antijudaicos, embora sejam os mais fervorosos opositores do racismo. Mas, justamente eu, Houria Bouteldja, fui transformada em bruxa pelos editores franceses e por grande parte do mundo político e intelectual, tanto da direita quanto da esquerda, há quase vinte anos. É justamente meu nome que a prefeitura de Paris utiliza para cancelar uma conferência – contra o antissemitismo! – com Judith Butler. Sou eu que a deputada Danièle Obono – e, com ela, toda a LFI – deve repudiar, sob intensa pressão dos círculos reacionários, como uma "camarada". É justamente a minha pessoa que sofre com campanhas de imprensa imundas que alegam meu suposto "ódio" aos judeus, sem que eu nunca tenha tido a oportunidade de me explicar, inclusive pela imprensa de extrema esquerda. É verdade que nunca me preocupei em me justificar. Sempre me pareceu indigno fazer isso na frente de alguém mais antissemita do que eu. Estou disposta a responder aos anjos, mas não ao diabo. Há alguns anos, dirigi-me aos judeus e confidenciei-lhes isto, sobre uma criança que atormentava a minha alma: "O pior é meu olhar quando me deparei com uma criança usando uma quipá na rua. Aquele momento fugaz em que parei para olhá-la. O pior é o desaparecimento da minha indiferença em relação a vocês, o possível prelúdio da minha ruína interior".[33] Nessa passagem, não estou dizendo que sou antissemita, mas, sim, confidencio minha angústia de me tornar antissemita. Assim como os judeus, sou feita *pela* história. Mas, ao mesmo tempo, meu mal-estar atesta a existência do meu livre-arbítrio. Porque também posso me tornar o que sou *apesar* da história, e assim lutar contra meu *ensauvagement* programado. É exatamente isso que faço, movida por essa ambição que, ouso dizer, não é pequena: tornar-me a pessoa menos antissemita da França. Daí o mistério: por que fizeram de mim uma bruxa?

A resposta, temo, é detestável. Há um gozo filossemita. O pacto social-filossemita fundamentado na culpa da Shoah é mais lucrativo do que o desmantelamento de estruturas raciais. É por isso que a neurose francesa da culpabilidade também é um gozo. O paternalismo é a única forma de relacionamento disponível quando é preciso que o homem branco garanta a preservação da ordem racial e imperialista a fim de salvar sua

33 Bouteldja, *Les blancs, les juifs et nous.*

alma. Nenhum psiquiatra será capaz de curar essa neurose, porque ninguém deseja curá-la. Pelo contrário, nós a estimamos, a nutrimos e a deixamos florescer. Vejam o orgulho que ilumina os olhos dos bons democratas (também encontrados na extrema esquerda) que se autoflagelam por culpabilidade. Seria isso por amor aos judeus? Vamos lá! Eles se contentam em manter sua dívida moral com os sobreviventes do genocídio europeu. Eles até mesmo se convencem de que os judeus precisam deles, quando na verdade são eles que precisam dos judeus. Como poderiam manter sua neurose se os judeus não existissem? Ou, mais precisamente, como poderiam se manter como brancos, justificar sua colaboração com um Estado racial que, no entanto, eles até poderiam decidir desmantelar, se a questão judaica desaparecesse? A verdade nua e crua é esta: sou uma bruxa porque não tenho neurose. Você acha que os editores franceses realmente acreditam que sou antissemita? Sem chance! No fundo, bem lá no fundo, todos sabem que não sou. E é isso que é intolerável para belas almas. A existência de uma alternativa tão temida quanto formidável. Para um homem branco, levantar-se significa acalentar suas neuroses, o que sempre será menos doloroso do que pôr fim ao mundo no qual ele ocupa o centro, e no qual ele até desempenha o papel de reconciliador. Sejamos realistas: é uma covardia. Ficar deitado no divã não leva à salvação. Isso é a ruptura com a colaboração racial. Muitos judeus-apesar-da-história, entendem isso hoje em dia, especialmente após o 7 de outubro. Eles estão se livrando do abraço filossemita/antissemita do Estado racial integral a fim de se levantarem contra o sionismo e contra a islamofobia. Nós os vimos e nós os ouvimos até mesmo nos subúrbios franceses, onde a equação judeus = sionistas tem desaparecido e onde os nativos estão se tornando novamente, graças também à intervenção de ancestrais ressuscitados pela militância decolonial, o que eles eram antes de serem engolidos pela modernidade ocidental. Todos nós, na medida do possível, trilhamos juntos o caminho do amor revolucionário. Amanhã, a Palestina será livre e, com ela, seremos todos nós.

Algum tempo depois, encontrei novamente o menino com a quipá. Ele esboçou um sorriso. Eu também tentei esboçar um.

Em memória e homenagem aos meus irmãos
Eric Hazan e Georges Gumpel.
A Youssef Boussoumah, que, se ousasse ter as mesmas pretensões que eu, certamente teria uma chance de me vencer.

Referências

AMIR, Eli. *Scapegoat*. Tel Aviv: Am Oved, 1982.

ARENDT, Hannah. *Sur l'antisémitisme*. Paris: Seuil, 1997.

BAFOIL, Pierre. Zemmour: les Juifs pour cible. *Le Jours*, 21 abr. 2022. Disponível em: https://lesjours.fr/obsessions/election-presidentielle-2022/ep8-juifs-zemmour/. Acesso em: 26 maio 2025.

BARTOV, Omer. Notes sur l'attaque du Hamas et la guerre israélienne à Gaza. *Conditions*, [s.d.]. Disponível em: https://revue-conditions.com/noteshamasisraelgaza. Acesso em: 26 maio 2025.

BOUTELDJA, Houria *Les blancs, les juifs et nous: vers une politique de l'amour révolutionnaire*. Paris: La Fabrique, 2016.

______. *Beaufs et barbares, le pari du nous*. Paris: La Fabrique, 2023.

CALIMANI, Riccardo. *L'errance juive*: de l'ère des ghettos à l'émancipation. Paris: Diderot Editeur Arts Sciences, 1996. v.2

______. *L'errance juive*: la dispersion, l'exil, la survie. Paris: Diderot Editeur Arts Sciences, 1996. v.1.

CALIMANI, Riccardo. *Le préjugé antijuif*. Paris: Tallandier, 2009.

ELBAZ, Mikhaël; SERFATY, Abraham. *L'Insoumis. Juifs, Marocains et rebelles*. Bilbao: Desclée de Brouwer, 2001, p.93-4.

GENET, Jean. *L'ennemi déclaré*. In: DICHY, Albert (Org.). *Œuvres complètes*. Paris: Gallimard, 1991. t.VI.

LÉON, Abraham. *La conception matérialiste de la question juive*. Mumbai: Entremonde, 2018.

MISHRA, Pankaj. La Shoah après Gaza. *Lundimatin*, 25 mar. 2024. Disponível em: https://lundi.am/La-Shoah-apres-gaza. Acesso em: 26 maio 2025.

MONZAT, René. Des maisons d'édition entretiennent la mémoire de l'antisémitisme nazi. *Contretemps*, 5 dez. 2023. Disponível em: https://www.contretemps.eu/extreme-droite-edition-antisemitisme-nazi/. Acesso em: 26 maio 2025.

ON THE JEWISH NOVEL: Deborah Friedell and Adam Thirlwell. *London Review of Books*, 28 fev. 2024. Disponível em: https://www.lrb.co.uk/podcasts-and-videos/podcasts/the-lrb-podcast/on-the-jewish-novel. Acesso em: 25 maio 2025.

OPPENHEIMER, Yochai. The Holocaust: A Misrahi Perspective. *Hebrew Studies*, v.51, 2010, p.303-328.

ORÈS, Béatrice; SIBONY, Michèle; FAYMAN, Sonia (Org.). *Antisionisme, une histoire juive*. Paris: Syllepse, 2023.

PLENEL, Edwy. Israël-Palestine: la question morale. *Mediapart*, 22 out. 2023. Disponível em: https://www.mediapart.fr/journal/international/221023/israel-palestine-la-question-morale. Acesso em: 26 maio 2025.

RODINSON, Maxime. Preface (1968). In: LÉON, Abraham. *La conception matérialiste de la question juive*. Mumbai: Entremonde, 2018.

SARTRE, Jean-Paul. *Réflexion sur la question juive*. Paris: Gallimard, 1946.

VAL, Phillippe. [Editorial]. *Charlie Hebdo*, 5 jan. 2005.

WIESEL, Elie. *Against Silence*. Textos e apresentação Irving Abrahamson. London: Holocaust Library, 1985.

A batalha no *front* cultural

Françoise Vergès

Em 17 de outubro de 2023, a cerimônia de premiação da autora palestina Adania Shibli foi adiada *sine die*. O prêmio seria concedido a ela na Feira do Livro de Frankfurt por seu romance *Detalhe menor*,[1] que narra uma história real: o estupro seguido do assassinato de uma jovem beduína palestina cometido por soldados israelenses em 1949.[2] No entanto, a associação Litprom, que a havia designado como laureada, justificou o adiamento com base no fato de que "as vozes israelenses seriam postas em primeiro plano no Salão do Livro".[3] Cerca de seiscentas escritoras e escritores, incluindo ganhadores do Nobel, publicaram

1 Ed. bras.: Shibli, Adania. *Detalhe menor*. Trad. Safa Jubran. São Paulo: Todavia, 2021. (N. T.)

2 Adania Shibli explicou que foi depois de ler um artigo sobre esse estupro e esse assassinato no jornal israelense *Haaretz* que ela decidiu escrever um livro sobre o assunto.

3 Télérama; AFP, Polémique au salon du livre de Francfort, une auteure palestinienne temporairement privée de son prix, *Télérama*.

uma carta aberta contra a decisão, que, no entanto, foi mantida; em junho de 2024, Adania Shibli ainda não havia recebido seu prêmio. Em 19 de novembro de 2023, a exposição, na Lisson Gallery (Londres), do artista de renome internacional Ai Weiwei foi cancelada, e na sequência, em 2024, foram canceladas também suas exposições em Nova York, Paris e Berlim.[4] Tal tratamento foi motivado por um tuíte, postado em sua conta no X, no qual ele questionava a ajuda anual dos Estados Unidos ao Estado de Israel e a transferência da culpa europeia pelo genocídio de judias e judeus da Europa para povos que não são responsáveis por isso. Em dezembro de 2023, uma instituição cultural de Paris foi forçada a cancelar um encontro público com a filósofa Judith Butler, numa programação cujo título era "Contra o antissemitismo e sua instrumentalização – pela paz revolucionária na Palestina", depois que a prefeitura de Paris ameaçou retirar sua subvenção ao evento.[5] Quase no

---

4 Ghezlane-Lala, L'artiste Ai Weiwei voit ses expositions annulées après un tweet sur l'État d'Israël, *Konbini*. O tuíte, posteriormente suprimido, dizia: "A culpa pela perseguição ao povo judeu foi, por vezes, transferida para compensar a culpa que não sentimos em relação ao mundo árabe. Em termos financeiros, culturais e de mídia, a comunidade judaica tem presença significativa nos Estados Unidos. A ajuda anual de US$ 3 bilhões ao Estado de Israel tem sido, há décadas, alardeada como um dos investimentos mais valiosos já feitos pelos Estados Unidos. Essa parceria é frequentemente descrita como de destino compartilhado".

5 Ver Magnaudeix, Annulation d'une conférence à Paris: Judith Butler dit "avoir été réduite au silence", *Mediapart*; e Vaz, La mairie de Paris annule une conférence pour la paix de la philosophe Judith Butler, *Les Inrockuptibles*. A reunião pública finalmente ocorreu em 3 de março de 2024 em um local privado e publicado no Youtube. Ver Judith Butler: contre l'antisémitisme et pour la paix révolutionnaire en Palestine

mesmo momento, em Berlim, o centro cultural Oyun perdeu seu financiamento por abrir as portas com um evento organizado pela Jewish Voice for a Just Peace in the Middle East [Voz Judaica por uma Paz Justa no Oriente Médio], uma organização liderada por judias e judeus que apoiam o movimento Boicote, Desinvestimento, Sanções (BDS), que o Bundestag alemão qualificou como antissemita em 2019.[6] Na Europa e nos Estados Unidos, desde o segundo semestre de 2023 até hoje, instituições culturais, museus e artistas europeias(eus), palestinas(os) e israelenses (e de outras nacionalidades) sofreram uma onda de acusações de antissemitismo, o que resultou em censura, intimidações, ameaças, perda de subvenções, perdas de empregos e danos à reputação, cancelamentos de exposições, mesas redondas, concertos e conferências, ou processos judiciais.[7] Desde os acontecimentos de 7 de outubro e a subsequente ofensiva israelense, multiplicaram-se as campanhas políticas e os julgamentos por antissemitismo por parte do Estado de Israel e de seus aliados, mas sem conseguir conter a resposta de grande número de artistas a essas intimidações,

---

(disponível em: https://www.youtube.com/watch?v=rlQNBJOq-0E; acesso em 26 maio 2025).

6 Walfisz, German Cultural Institutions Turn on Pro-Palestinian Voices, *Euro News*.

7 Ver, por exemplo: Milot; Armati, À Paris, Marseille, Toulouse... l'annulation d'événements culturels en lien avec la Palestine suscite le malaise, *Télérama*; Ghosn, Les artistes palestiniens et les partisans de la lutte contre la guerre à Gaza sont annulés, *The Markaz Review*; Artist for Palestine UK: des artistes de premier plan se désengagent de la salle britannique qui censurait la Palestine, *Agence Media Palestine*; Jelidi; Ruzza, Val-de-Marne: la ville de Choisy-le-Roi reporte le spectacle d'une artiste palestinien, *BFM*.

desqualificações e ameaças, nem a onda de petições ou boicotes contra instituições que censuraram artistas, palestinas(os) ou não, em favor do cessar-fogo imediato, ou denunciando publicamente o *apartheid* e a política de colonização na Palestina.[8] Para o mundo das artes e da cultura, é obviamente o exemplo do boicote cultural à África do Sul – apoiado especialmente por artistas e intelectuais sul-africanas(os) brancas(os), portanto beneficiários do regime do *apartheid* – que inspira esse elã de mobilização. As críticas à política do Estado de Israel são vistas como ameaça à existência de todo o sistema de valores ocidental e às vidas de judias e judeus israelenses. Mas a instrumentalização do antissemitismo encontra um movimento cada vez mais amplo e global, que recorre a várias formas de resistência. Em maio de 2024, os *tiktokers* lançaram o Blockout, convocando seus seguidores a boicotar celebridades que não apoiam a Palestina.[9] O que essas campanhas revelam, se é que alguém não vê, é que o mundo das artes e da cultura sempre foi um terreno de lutas ideológicas investidas por Estados, instituições, movimentos sociais ou Igrejas.

Diante da aniquilação de milhares de vidas humanas em Gaza e dos ataques de colonos na Cisjordânia, alguém poderia questionar a necessidade de se levantar acusações de

8 Farah, More than 2000 Poets Boycott Poetry Foundation for Censoring Palestine Voices, *Institute for Palestine Studies*; Harris, Arnolfini Censorship Row Deepens as Artists Refuse to Work with the Bristol Festival, *The Art Newspaper*.

9 Dupont, #Blockout: quand les TikTokeurs propalestiniens se mobilisent pour bloquer les stars, *Moustique*; Trinel, #Blockout2024, le hashtag qui s'attaque aux stars qui ne soutiennent pas les Palestiniens, *BFM Tech & Co*.

antissemitismo contra artistas. Por certo, eles podem perder trabalhos, sofrer cancelamentos, ser caluniadas(os), mas o que isso representa em comparação com a fome, os hospitais sem remédios, a falta de água e eletricidade, os bombardeios, a destruição total do ambiente social, cultural e econômico de moradoras(es) de Gaza e o número de pessoas mortas pelas explosões nessa região? O escritor palestino Atef Abu Saif responde a esse argumento: "A guerra contra a cultura sempre esteve no cerne da guerra travada pelos agressores contra nosso povo, pois a verdadeira guerra é uma guerra contra a narrativa. Ela visa roubar a terra e seus ricos tesouros de conhecimento, história e civilização, bem como as histórias que ela contém".[10] De fato, toda guerra busca privar o povo invadido, colonizado e dominado dos objetos e monumentos que simbolizam sua concepção do mundo, do poder e do seu ambiente. A dominação não é exercida apenas por meio do roubo de terras e da adoção de leis raciais discriminatórias, mas também por meio do desaparecimento de objetos de arte e arquivos, da destruição de sítios históricos e arqueológicos, e do apagamento de narrativas.[11] Os vencedores deixaram um mundo devastado e retornaram com obras saqueadas, pedaços de templos e de palácios, objetos que simbolizavam o poder, seja para organizar o tráfico ilícito, seja para enriquecer museus ou coleções particulares e, assim, reescrever a história. Não surpreende, portanto, que a morte de milhares de mulheres, crianças e homens

---

10 Comment Israël a fait disparaître une génération de poètes, d'écrivains et d'artistes de Gaza, *TRTfrançais*.

11 Sobre esse assunto, ver Adjei; LeGall (Ed.), *Fifteen Colonial Thefts*. Essa obra reconstitui em detalhes as políticas de humilhação e apagamento ligadas ao roubo de objetos.

pelos bombardeios israelenses seja acompanhada pela destruição do seu ambiente social, econômico e cultural; aniquilação ao mesmo tempo física e psicológica.[12]

A neutralidade impossível

O campo da arte tem sido constantemente atravessado por polêmicas, controvérsias, censuras e, mais recentemente, por denúncias de violência sexual ou racial. É um mundo que também está sendo solicitado a responder de forma decisiva e clara às demandas pela devolução de objetos saqueados, por justiça social, racial e de gênero, bem como a recusar investimentos de empresas cúmplices do desastre climático, da ocupação colonial da Palestina e de terras indígenas, ou que produzem e vendem armas. A censura no mundo das artes revela a importância das questões ligadas à contraofensiva reacionária atualmente em curso, que visa, por um lado, obstruir em todo o mundo movimentos organizados para pôr fim a um sistema baseado

12 O apagamento da cultura palestina é realizado por meio da destruição ou da apropriação. Sobre as apropriações de culinária, tecelagem, língua, poesia e arte palestinas por parte de Estado, artistas e produtores israelenses, ver Sheety, Palestine: étude d'un vol historique culturel, *Middle East Eye*; Tamimi, Israeli Appropriation of Palestinian Heritage in Jerusalem; Young, Profound Offense and Cultural Appropriation, *The Journal of Aesthetics and Art Criticism*; The Appropriation of Palestinian Culture, *FFIPP*; Ranta, Consuming Palestine: Palestine and Palestinians in Israeli Food Culture, *Ethnicities*; Weiss, Israeli Designer Eroticises the Palestinian Keffiyeh, *Mondoweiss*. Sobre o apoio de artistas israelenses ao ataque em Gaza, ver Israël-Hamas: Idan Amedi, acteur star de la série "Fauda" et réserviste en opération à Gaza, grièvement blessé, *Europe 1*.

na colonização, na despossessão, no extrativismo, na violência sistêmica e na devastação do planeta, e por outro, romper coalizões de ativistas engajadas(os) em lutas distintas, mas que compartilham esse objetivo. Nesse contexto, a defesa da criação cultural não pode invocar abstratamente a busca do belo pelo belo, nem reivindicar uma liberdade artística completamente vazia, nem mesmo se contentar com apelos tranquilizadores ao diálogo e à paz. Certamente, a estética não precisa ser ditada por imperativos políticos, nem precisa se submeter a todas as urgências sociais ou ambientais. De todo modo, o material da arte é sempre o mundo ao nosso redor, e os afetos, as imaginações, os agenciamentos de corpos e discursos ou, ainda, as ambiências que tecem relações com a realidade. Diante de massacres em massa, genocídios, valas comuns e corpos desmembrados de crianças, o que é solicitado e o que mobiliza o mundo da arte – tanto no Ocidente como na Palestina – é a atenção perceptiva e afetiva de todas e todos. É preciso dizer também que, se a liberdade de criação é, em si, um valor, ela pode convocar aquelas e aqueles que têm tempo livre e a coragem de usá-lo – artistas, escritoras(es), poetas, curadoras(es) – a lutarem para que todos os povos tenham acesso ao direito e aos recursos da criação e, assim, possam preservar a criação cultural que herdaram.

Além da ideologia que reivindica a neutralidade da arte diante das grandes oposições sociais e políticas, outro fator que tende a desencorajar o engajamento de artistas em favor da Palestina está relacionado à economia da cultura, que torna as(os) artistas dependentes do mercado, de mecenas ou de colecionadores particulares. Assim, o "complexo industrial sem fins lucrativos" – para usar a frase de Ruth Wilson Gilmore sobre filantropia – atribui a pessoas físicas, cujas fortunas foram construídas por meio de políticas predatórias, uma forte capacidade de prejudicar instituições culturais, especialmente instituições públicas. Filantropos bilionários se intrometem nas escolhas de exposições e de curadoras(es). A partir do momento em que uma instituição pública solicita dinheiro a mecenas particulares, eles se arrogam o direito de exigir garantias quanto ao seu apoio financeiro ativo. Ao se proclamarem amigos das artes e dos artistas, eles apagam a origem de sua fortuna e se concedem o poder de impor seus gostos e opiniões, esperando agradecimentos e bajulações por sua generosidade, mesmo que alguns sejam de fato sinceros em seu compromisso, em seu apoio, e tenham possibilitado a produção, a realização e a difusão de obras censuradas. O que aconteceu no Palais de Tokyo em 5 de maio de 2024 ilustra o papel deletério do mecenato particular. Sandra Mulliez Hegedüs, financiadora da instituição, anunciou em sua conta no Instagram que estava se afastando do conselho de administração dos Amigos do Palais de Tokyo, associação criada em 2002 para fornecer apoio moral e financeiro ao centro de arte contemporânea sem intervir na programação ou no conteúdo das exposições apresentadas. Descrevendo-se, em sua conta no Instagram, como uma "sionista orgulhosa", a bilionária censurou o Palais de Tokyo pela "orientação demasiadamente política" e por um programa tendencioso "ditado por causas" marcadas pela esquerda, como "*wokismo* ou anticapitalismo", em detrimento, ela diz, da "diversidade de pensamento".[13] Elegeu como alvo a exposição *Passé*

13 Moulène, La démission fracassante de Sandra Hegedüs des Amis du Palais de Tokyo crée la polémique, sur fond de conflit israélo-palestinien, *Libération*.

inquiet [*Passado intranquilo*] que, ao colocar em cena o princípio dos museus solidários, oferece um método, uma filosofia e uma prática extremamente interessantes em torno das lutas sociais e políticas e de sua visibilidade. Para suas curadoras, Rasha Salti e Christine Khoury, trata-se de uma exposição documental que "reconstitui histórias de engajamento de artistas, bem como quatro casos de museus solidários ao movimento anti--imperialista internacional entre as décadas de 1960 e 1980". Eles tomam:

> como ponto de partida as narrativas esquecidas de "museus no exílio" e "museus em solidariedade" transcontinentais, muitas vezes concebidos como exposições itinerantes, que encarnavam o apoio dos artistas às lutas emancipatórias dos povos, principalmente na Palestina, na Nicarágua, no Chile e na África do Sul.[14]

A exposição é muito didática; é preciso estar disposto a passar algum tempo no local e ouvir, a fim de rememorar os eventos políticos que foram esquecidos muito rapidamente. É difícil encontrar ali um *wokismo* – que, aliás, ninguém sabe definir –, assim como parece difícil entender que "diversidade de pensamento" deveria ser integrada aos elementos sobre o Chile (fazer Pinochet ser ouvido?), a Nicarágua (reproduzir os discursos de Somoza?), a luta dos trabalhadores imigrantes (negar o racismo exercido contra eles?) ou a Palestina (não reconhecer

14 Site da exposição Passé Inquiet, disponível em: https://palaisdetokyo.com/exposition/passe-inquiet/ (acesso em: 27 maio 2025); ver também Salti (Ed.), *Past Disquiet*.

o que historiadores e artistas israelenses analisaram: a criação de um Estado colonial?).[15]

Mulliez Hegedüs recebeu imediatamente apoio de muitas pessoas e de grupos fascistas como o Fdesouche e os jornais *Causeur* e *Valeurs actuelles*.[16] Em contrapartida, mais de duzentos artistas, curadores e críticos publicaram uma carta aberta na qual declararam seu total apoio ao Palais de Tokyo.[17] Para os signatários, "nossas instituições culturais, assim como a arte e os próprios artistas, devem permanecer livres de todas as restrições para evitar a extinção".[18]

---

15 Note-se que a exposição "Presenças árabes. Arte moderna e descolonização. Paris 1908-1988", no Museu de Arte Moderna, em Paris, não foi alvo da mesma denúncia. No entanto, essa exposição, que destaca o "papel essencial desempenhado por Paris" – "Descrita como a 'capital do Terceiro Mundo' pelo historiador Michael Goebel, a cidade foi considerada, desde a década de 1920, um viveiro de redes anticoloniais e o lar de novas modernidades cosmopolitas" –, apresenta a alegria dos egípcios pela nacionalização do Canal de Suez, a denúncia da colonização da Argélia e da tortura pelos exércitos franceses, a exploração dos migrantes do Magreb e o racismo, além da solidariedade com a Palestina.

16 Darrieus, Paris: "Wokisme", "racisme", "antisémitisme"... la dérive idéologique du Palais de Tokyo. *Le Club*; Angevin, Art contemporain et islamogauchisme: la fatigue d'une grande mécène du Palais de Tokyo, *Causeur*; Jeanne, Sur fond de conflit israélo-palestinien et de "wokisme", la démission de la mécène Sandra Hegedüs des Amis du Palais de Tokyo crée la polémique, fdesouche.com. Ver as explicações de Sandra Mulliez Hegedüs apud Perraud, Retour sur du rififi furieusement d'époque au Palais de Tokyo à Paris, *Médiapart*.

17 Dubreil, Artistes et conservateurs se rassemblent derrière le Palais de Tokyo au milieu des critiques pour "wokisme", *Artmajeur Magazine*.

18 Ibid.

A política "dois pesos, duas medidas"

Há várias décadas – o que remonta às grandes batalhas pela liberdade artística durante a Guerra Fria – o Ocidente[19] não trava uma campanha tão concertada contra artistas, galerias e eventos artísticos.[20] Embora não se possa dizer que a atual contraofensiva seja coordenada por um único centro decisório, ela compartilha os mesmos objetivos entre diversos Estados: defender a guerra e a paz armada, aprovar leis que criminalizam a oposição à guerra, mobilizar tribunais para condenar rápida e severamente as(os) opositoras(es), banalizar a desumanização e convencer a opinião pública da justiça de "dois pesos e duas medidas". Durante a Guerra Fria, a questão era de primeira grandeza: tratava-se de conduzir a batalha ideológica e cultural no terreno da arte contra a arte do mundo comunista e contra aquela associada às lutas anticoloniais e anti-imperialistas.

---

19 O Ocidente é aquela região onde uma classe fundou sua riqueza na extração e na despossessão da África, da Ásia, das Américas e da Oceania, bem como na guerra permanente, que estabeleceu leis protegendo seu comércio, suas propriedades e seus exércitos.

20 Ver, por exemplo, a análise do nascimento de *documenta* na resenha escrita por Vincenza Benedettino sobre a obra *Politik und Kunst*, de Raphael Gross et al., publicada em *Regards croisés*; Josselin, L'art abstrait de la guerre, *Inflexions*; La CIA et l'expressionnisme abstrait; Pinceau = arme. L'expressionnisme abstrait comme arme de propagande de la CIA, *Le Monde*; Guilbaut, *Comment New York vola l'idée d'art moderne*; Lequeux, Art contemporain: Documenta, la manifestation et ses gênantes racines nazies, *Le Monde*; Bourdoiseau, À Cassel, le festival d'art contemporain documenta face à ses racines nazies, *Libération*, 18 jun. 2022.

A arte abstrata foi associada a uma "visão universalista",[21] e "o campo ocidental" deveria ser "percebido como o único lugar de inovação artística".[22] Bienais, exposições e obras demarcavam uma linha entre a liberdade de criar e a criação a serviço de uma ideologia de Estado; o que nem sempre era falso, mas a liberdade de criar também obedecia a normas e regras. A divisão entre civilização e barbárie, entre regimes democráticos e "totalitarismos", era fundamental. Atualmente, ainda se trata de fazer do Ocidente o único portador de valores universais e humanistas; o papel de encarná-los no Oriente Próximo foi confiado ao Estado de Israel. A política "dois pesos e duas medidas" foi decisivamente reativada: a fronteira entre o que importa e o que não importa diz respeito não apenas às vidas humanas, mas também à arte e à cultura.

Em 21 de outubro de 2023, os diretores de todos os grandes museus de Israel enviaram uma carta aberta ao Conselho Internacional de Museus (Icom, afiliado à Unesco) pedindo que condenasse "as atividades do Hamas [que] nada mais são do que assassinato odioso, estupro, tortura e detenção de civis indefesos".[23] Os autores acrescentaram:

> o Hamas e a Jihad islâmica provaram ser organizações brutais e desumanas, próximas do Talibã e do Estado Islâmico. Desejamos

---

21 Walter, La documenta de Kassel (1955-1964), *Encyclopédie d'histoire numérique de l'Europe*.

22 Ibid.

23 Villa, Israeli Museum Directors Call for Icom to Denounce Hamas, *ARTnews*. Ver também Seymour, Israeli Museums Publies Urgent Appeal for International Council of Museums (Icom) to Condemn Hamas Violence, *The Art Newspaper*.

> ainda lembrar a comunidade do Icom que Israel é uma democracia liberal que protege a liberdade de expressão, a diversidade e as artes, valores que a comunidade do Icom compartilha, como demonstrado pelas revisões mais recentes da definição de museu. São precisamente esses ideais que têm sido atacados pelo Hamas em seu assalto às nossas cidades e comunidades.

Em sua resposta em 25 de outubro, o Icom adotou tom passivo e neutro, além de elementos abstratos de linguagem. Ele expressa "sua profunda preocupação com a violência que atualmente afeta civis israelenses e palestinos, e deplora as consequências humanitárias significativas causadas pelo conflito nas últimas semanas", bem como expressa seu desejo de "um cessar-fogo imediato em conformidade com o direito internacional humanitário, a fim de evitar mais perdas de vidas e salvaguardar o patrimônio cultural – que é essencial para a nossa humanidade coletiva –, e reafirma seu compromisso com os princípios da paz, da compreensão e da unidade mediante a preservação e a proteção do patrimônio cultural".[24] Apesar de seu compromisso proclamado com esses "valores", é visível que o Icom nada disse a respeito da destruição de sítios históricos e de museus palestinos, nem sobre a morte de artistas palestinas(os) sob as bombas israelenses. No entanto, em 8 de novembro de 2023, o Ministério da Cultura da Palestina alertou sobre a destruição de sítios históricos e anunciou a morte de muitas(os) artistas, incluindo: a da artista visual e professora de belas-artes Heba Ghazi Ibrahim Zaqout (39 anos)

24 Declaração sobre Israel e Palestina emitida pelo Icom (Conselho Internacional de Museus).

e de seu filho; da artista Halima Abdel Karim Al-Kahlot (29 anos); do artista e especialista em artes visuais e teatro Enas Muhammad Al-Saqqa (53 anos) com suas filhas Sarah e Lynn e seu filho Ibrahim; do artista e ilustrador Mohammed Sami Qariqa (24 anos); da artista plástica Nesma Abu Shaira (38 anos), todas(os) mortas(os) durante bombardeios.[25] Em fevereiro de 2024, o grande pintor palestino Fathi Ghaben morreu após não poder receber tratamento médico.[26] A destruição de quase 80% do ambiente construído e das terras agrícolas na Faixa de Gaza não desperta indignação pública entre as instituições culturais e artísticas ocidentais e israelenses. No entanto, a destruição atingiu um nível assustador. Em fevereiro de 2024, o Ministério da Cultura Palestino observou que, em Gaza, de um total de 320 sítios arqueológicos, edifícios de importância cultural e histórica, além de museus, 207 foram reduzidos a ruínas ou ficaram seriamente danificados. Trata-se de edifícios ou museus de grande importância: a igreja ortodoxa de São Porfírio, o mosteiro de Santo Hilário, a mesquita Umari, museus como o Museu Cultural Al-Qarara, locais históricos como o palácio As-Saqqa, as casas Subat al-Alami e Khader al-Tarazi, sítios arqueológicos como Tell es-Sakan, Tell Ruqaish, Tell al-Ajul, Tell al-Mintar e Tell Rafah, além de cemitérios, incluindo aquele que abrigava vestígios de um cemitério filisteu datado da Idade do Bronze tardia (1550-1200 a.C.), e o antigo porto marítimo de Gaza, datado

---

25 Culture: 15 intellectuels et artistes peintres tués et des sites archéologiques et culturels détruits à Gaza, *Wafa News Agency*.

26 Rozelier, Le peintre Fathi Ghaben, figure de la résistance palestinienne, est mort à Gaza, *Le Quotidien de l'art*.

de 800 a.C., de acordo com um relatório da Forensic Architecture. O destino de um entreposto do Ministério do Turismo e da Antiguidade, contendo mais de 4 mil objetos arqueológicos apreendidos pelo Exército israelense, assim como as condições do sítio Mukheitim (uma igreja bizantina do século V) em Jabalia, que foi amplamente danificado e transformado em base para o Exército israelense, permanecem desconhecidos. O coração da cidade velha de Gaza está devastado, e 144 de seus monumentos históricos importantes foram destruídos.[27] Em 10 de junho de 2024, a Unesco observou danos significativos em cinquenta locais desde o 7 de outubro de 2023.[28] Deve-se notar que a resposta do Icom foi bem diferente quando a organização reagiu à destruição do patrimônio cultural na Ucrânia. Desde o início da invasão russa, os museus ucranianos se beneficiaram da implementação de medidas urgentes de reparo, proteção e digitalização, que são prioritárias nos programas de ajuda emergencial da Unesco.[29] Meu objetivo não é contestar os méritos dessas medidas para museus e sítios ucranianos, mas destacar uma assimetria estrutural: há culturas, artes e patrimônios que importam e outros que não importam, ou que podem ser saqueados, expropriados, apropriados ou destruídos. Embora a cúpula do Exército israelense tenha

---

27 Hawari, Israel Destroys Palestinian Cultural Heritage Sites in Gaza, *Institute for Palestinian Studies*.

28 Unesco, Bande de Gaza: évaluation des dommages, *Les actions de l'Unesco dans la bande de Gaza/Palestine*.

29 Em 10 de abril de 2024, a Unesco verificou os danos sofridos por 351 sítios na Ucrânia (129 sítios religiosos, 157 prédios de interesse histórico e/ou artístico, 31 museus, 19 monumentos, 14 bibliotecas, 1 arquivo).

proibido qualquer investigação sobre os danos e a destruição do patrimônio artístico e cultural palestino na Faixa de Gaza, o Ministério da Cultura da Palestina e as organizações locais tornaram seus relatórios públicos.

Um terreno de lutas ideológicas

As instruções governamentais e institucionais no Ocidente são claras: qualquer declaração pública deve obrigatoriamente incluir uma denúncia contra o Hamas, confirmando sua qualificação como movimento terrorista – o que pressupõe total adesão ao direito do Estado de Israel de se defender –, bem como uma condenação de manifestações de solidariedade ao povo palestino. A bandeira palestina, o uso do *keffiyeh* e a frase "do Jordão ao mar" tornaram-se prova material, para qualquer um que seja declarado culpado, de intenção sub-reptícia de aniquilar os judeus. A mistura de antissemitismo e antissionismo tem sido reativada com força. Isso envolve negar que Israel seja uma entidade colonial, invocando o argumento da falta de terra para o retorno (como os *pieds-noirs* [pés negros] da Argélia ou os ingleses da Índia, por exemplo), ou demonstrando apreensão pelo fato de que reconhecer tal estatuto colonial equivaleria a defender a expulsão em massa de colonos estabelecidos há várias gerações, ou ainda alegando que Israel é uma democracia, ou que judias e judeus, por causa de sua história, não poderiam ser favoráveis à limpeza étnica.

A amplitude de acusações de antissemitismo não é nova, mas essa ofensiva em concerto e sua intensidade podem ser explicadas pelo ineditismo da crise de legitimidade das políticas israelenses. Os gestos de solidariedade com a Palestina no campo estético acompanham, de fato, certo número de desenvolvimentos políticos e jurídicos que não vão na direção dos objetivos militares israelenses: a acusação de preparação de genocídio e depois de genocídio feita pelo Estado sul-africano contra o Estado de Israel perante a Corte Internacional de Justiça (CIJ); a acusação de 52 Estados, ainda perante a CIJ, contra a ocupação de terras palestinas por parte de Israel;[30] os votos nas Nações Unidas favoráveis à moção de cessar-fogo (que os Estados Unidos e seus aliados vetaram até 10 de junho de 2024, dia da votação de cessar-fogo liderada pelo país norte-americano).[31] No âmbito das artes e da cultura, há, portanto, uma questão real de legitimidade para o projeto sionista: o que "não passa mais" do ponto de vista jurídico-político poderia permanecer escondido dos olhos da opinião internacional, pois a poderosa rede de *soft power* israelense não deixou de atuar. É compreensível que as iniciativas pró-Palestina sejam particularmente contestadas pelos apoiadores do regime e sejam inteiramente significativas no contexto atual: o engajamento público de artistas pela Palestina, a publicação ou reedição de obras sobre a colonização e a política de *apartheid* na Palestina, a criação no TikTok ou no Instagram de contas antissionistas e favoráveis ao cessar-fogo imediato, a organização de exposições e concertos, assim como a criação de imagens, demonstram solidariedade ativa e salutar.[32]

30 La Cour internationale de justice va examiner 57 ans d'occupation israélienne, *HRW: Human Rights Watch*.

31 Qi, Carte: quels sont les pays en Europe qui ont reconnu l'État de Palestine?, *Ouest France*.

32 Ver site do Irish Artists for Palestine (disponível em: https://irishartistsforpalestine.com/; acesso em: 28 maio 2025). Ver também

Expressar solidariedade

Jonathan Glazer, diretor de *Zona de interesse*, filme vencedor do Oscar [na categoria de melhor filme internacional] em 2024, ao receber a estatueta, declarou: "Neste momento, estamos aqui na condição de homens que refutam sua judeidade e a apropriação indevida do Holocausto por uma ocupação que levou ao conflito de tantas pessoas inocentes, sejam as vítimas de 7 de outubro em Israel ou o ataque em andamento sobre Gaza".[33] Ele se referiu explicitamente à manipulação do genocídio de judeus na Europa e rejeitou a equiparação de sua condição de judeu à defesa incondicional do Estado de Israel. Yuval Abraham, um judeu israelense e codiretor, com o palestino Basel Adra, do documentário *No Other Land* [no Brasil, traduzido como *Sem chão*], premiado no Festival de Berlim em 2024, denunciou a mentira da "única democracia no Oriente Próximo", enquanto Adra acusou Israel de "massacrar" a população palestina e criticou as vendas de armas alemãs para Israel.[34] A ministra da Cultura da Alemanha, a ambientalista Claudia

---

artigos: Angèle, Renaud, Léna situations... "Ne soyons pas dans le camp de la honte": 200 artistes appellent à reconnaître la Palestine, *Le Parisien*; e Reconnaissance de la Palestine: Angèle, Leïla Bekhti, Renaud... 200 artistes en appellent à Macron, *Huffpost*.

33 Lapin, Le discours de Glazer aux Oscars suscite de vives réactions dans la communauté juive, *The Times of Israël*; JTA, Jonathan Glazer refuse d'utiliser sa "judéité" et la Shoah pour justifier la guerre à Gaza, *The Times of Israël*.

34 Polémique à la Berlinale après que plusieurs artistes ont accusé Israël de commettre un génocide à Gaza, *Le Monde*; "Je ne veux pas de votre culpabilité", réagit l'israélien Yuval Abraham, accusé d'antisémitisme à la Berlinale, *20 Minutes*.

Roth, anunciou imediatamente "a abertura de uma investigação sobre os incidentes", demonstrando assim a determinação do Estado alemão em ameaçar os artistas com ações legais.[35] O ensaísta indiano Pankaj Mishra aponta especificamente que, para o Estado alemão, Israel é uma "fortaleza do Ocidente" e que um "filossemitismo estratégico que parasita velhos estereótipos antissemitas" tem sido "associado a uma imagem sentimental dos judeus na Alemanha do pós-guerra". Mishra escreve que "uma consciência distorcida da Shoah garante que todas as vezes que as vítimas de Israel, incapazes de suportar sua miséria por mais tempo, se levantam contra seus opressores com ferocidade previsível, elas são denunciadas como nazistas determinadas a perpetrar uma outra Shoah".[36] É essa consciência distorcida que explica, em particular, o motivo pelo qual, em junho de 2022, a embaixada israelense em Berlim declarou, sobre um grande afresco em tela, *Justiça do povo*, exibido pelo coletivo ruangrupa, a equipe curatorial da exposição *documenta 15*, na Friedrichsplatz: "alguns dos objetos expostos contêm detalhes que lembram claramente a propaganda de Goebbels e seus capangas durante o período mais sombrio da história alemã".[37] De fato, no grande afresco, um soldado com cara de porco usava um lenço com uma estrela de Davi e um capacete com a inscrição "Mossad". Os autores do afresco, o coletivo de artistas Taring Padi, responderam então que queriam denunciar

35 Martins, "L'antisémitisme n'a pas de place à Berlin": scandale après la Berlinale et des propos anti-Israël, *Le Journal du Dimanche*.

36 Mishra, The Shoah After Gaza, *London Review of Books*.

37 Bourdoiseau, Allemagne: une fresque jugée antisémite décrochée à la documenta, *Télérama*.

"o sistema capitalista de exploração e a violência militar".[38] O coletivo escreveu em seguida: "falhamos coletivamente em identificar a figura na obra, que é um personagem que evoca os estereótipos clássicos do antissemitismo. Reconhecemos que isso foi um erro de nossa parte". E acrescentam: "aproveitamos essa oportunidade para nos educar mais sobre a história atroz e o presente do antissemitismo, e estamos chocadas(os) que essa figura tenha sido introduzida na obra em questão".[39] O que tem sido mais ou menos encoberto nessa polêmica é que o afresco *Justiça do povo* evoca um genocídio esquecido: o da repressão sangrenta lançada em 1965 pelo general Suharto, responsável pela morte de milhares de pessoas, ou milhões, de acordo com algumas estimativas, sem contar os encarcerados, os deportados (1 milhão de pessoas foram deportadas para campos ou ilhas),[40] os torturados e as vítimas de estupro, além dos quarenta anos do regime que o ditador chamou de "Nova Ordem".[41] Ao representar um soldado com cabeça de porco

---

38 Scandale antisémite en Allemagne: une œuvre polémique décrochée à la documenta de Cassel, *Connaissance des arts*.

39 "We collectively failed": ruangrupa Apologize for Antisemitic Work, *ArtReview*.

40 Leia a quadrilogia Buru Quartet (Éditions Zulma, 2018), escrita pelo grande escritor indonésio Pram Ananda Toer, cujos romances foram traduzidos tardiamente para o francês. Toer, que atuava no movimento Lekra, o Instituto de Literatura Popular próximo do Partido Comunista, ou PKI, foi preso e torturado pela ditadura antes de ser enviado para o exílio na prisão tropical que era a ilha de Buru. Ao retornar para casa em Jacarta, permaneceu confinado até 1992, e a censura continuou a proibi-lo de publicar. A literatura é uma fonte de conhecimento.

41 Margolin, Indonésie 1965: un massacre oublié, *Revue Internationale de Politique Comparée*. Ver também: Melvin, *L'extermination programmée des communistes indonésiens (1965-1966)*; Robinson, *L'archipel du génocide*; May,

cujo nome era Mossad, as(os) artistas autoras(es) do afresco queriam relembrar o papel ativo dos serviços secretos estadunidense (CIA), britânico (MI5) e israelense (Mossad) no golpe militar de 1965.

A admissão de erro por parte do ruangrupa e seu desejo de se educar não acabaram com a polêmica, e não houve reconhecimento da memória viva do golpe de Estado e da ditadura na Indonésia. A representação dos vínculos entre a violência militar, o Estado, os serviços secretos, a guerra colonial ou imperialista e o fascismo é, no entanto, parte integrante da tradição militante na arte. Na França, basta lembrar "a suástica presente em *Le grand tableau antifasciste collectif*, manifesto pictórico contra a tortura na Argélia,[42] ou a bandeira negra com uma caveira do grupo de soldados atirando contra a multidão de revolucionários em *La liberta guida il popolo algerino* (1957), de Guttuso".[43] Tortura e comparações entre o Exército francês e a Gestapo tornaram-se elementos das artes visuais.[44] Durante a guerra colonial na Argélia, artistas que apoiavam as(os) argelinas(os) foram censurados pelo governo francês; suas obras demonstram o poder das artes visuais na descolonização.

Indonesian Tragedy; Robinson, *The Killing Season*; McGregor; Melvin; Pohlman (Ed.), *The Indonesian Genocide of 1965*; Roosa, *Buried Histories*.

42 Exibido em 1960.

43 Ver a obra apaixonante de Goudal, *Des damné(e)s de l'Histoire*, p.36. Ver também: Bouayed, *L'art et l'Algérie insurgée*; Perrot, *De la tache à la figure*.

44 Várias dessas pinturas puderam ser vistas na exposição *Presenças Árabes. Arte moderna e descolonização. Paris 1908-1988*, no Museu de Arte Moderna de Paris, exibida entre 5 de abril e 25 de agosto de 2024.

Arte/solidariedade contra o *artwashing*

Em 2004, o movimento BDS convocou universitários e artistas a "combater a tentativa do Estado israelense de reformar sua imagem internacional por meio da cultura", denunciando "o uso ideológico da cultura como embaixadora do Estado de Israel". Ao alertar artistas convidadas(os) pelo Estado ou instituições israelenses sobre a política de *apartheid*, o BDS buscava conscientizá-los de que a neutralidade é uma forma de cumplicidade. Foram denunciados os objetivos que Nissim Ben Shitrit, um alto funcionário do Ministério das Relações Exteriores de Israel, declararia explicitamente no ano seguinte: "usar produções culturais israelenses para atingir os objetivos políticos do Estado de Israel".[45] De fato, preocupado com a perda de credibilidade após a Segunda Intifada, o Estado de Israel não tardou em lançar uma campanha cultural. "Consideramos a cultura uma ferramenta de *hasbara* [propaganda] de primeira ordem", declarou um funcionário da Cultura, "e não faço distinção entre *hasbara* e cultura".[46] Essa política, longe de ser exclusiva do Estado de Israel, nos lembra mais uma vez que as batalhas no campo da arte têm consequências concretas.

A prática artística, enquanto expressão ativa de solidariedade com as lutas de libertação anticolonial, as greves operárias, os movimentos antirracistas, feministas, gay, e que é exercida mais frequentemente fora do mercado, nas ruas, nos campos de refugiados, nos muros das cidades, em galerias alternativas,

---

45 Nouveau 4 pages: le boycott culturel, Campagne BDS France.

46 Boycott Culturel, Campagne BDS France.

testemunha a recusa dos artistas em aderir ao discurso falsamente neutro da arte como uma "ponte" entre os povos, como espaço pacificado no qual posições opostas poderiam ser livremente intercambiadas sem levar em conta as assimetrias estruturais e o poder financeiro e midiático capaz de ditar suas preferências.

A oposição ao que hoje é comumente chamado de *artwashing*, ou seja, o uso indevido do discurso da arte como prática de superação das divisões entre os povos a fim de se promover uma política de opressão e despossessão,[47] busca combater o poder que o mercado capitalista de arte assumiu e, portanto, sua capacidade de forçar as instituições ao silêncio ou, ainda, às práticas de pacificação ou cumplicidade. Trazer à tona exemplos da arte/solidariedade[48] e tornar conhecidas todas as iniciativas e ações de artistas contrários à censura cúmplice da política de *apartheid* israelense é, portanto, essencial nesses tempos de censura e intimidação. Não é que a arte deva ser um comentário sobre o mundo, mas sua suposta neutralidade deve ser constantemente questionada, em particular nos contextos de

---

47 Pode ser a expulsão de uma comunidade para construir um centro cultural ou um museu, a gentrificação de um bairro popular para instalar galerias de arte e centros culturais ou a produção de filmes de propaganda.

48 Um modelo desse gênero é a belíssima e apaixonante exposição documental itinerante *Passé Inquiet. Musées, exil et solidarité*, resultado de uma pesquisa iniciada em 2008 pelas pesquisadoras e curadoras Kristine Khouri e Rasha Salti, que reconstitui "histórias de engajamento de artistas, bem como quatro casos de museus solidários ao movimento anti-imperialista internacional das décadas de 1960-1980". Ver Khouri; Salti, *Past Disquiet* e o site da exposição *Passé Inquiet*, no Palais de Tokyo, disponível em: https://palaisdetokyo.com/exposition/passe-inquiet/. Acesso em: 29 maio 2025.

genocídio, limpeza étnica e guerra imperialista. Quanto à solidariedade ao povo palestino no campo da arte, a instrumentalização do antissemitismo busca atualmente não apenas abafar vozes, mas também reprimir contranarrativas, como a Exposição Internacional de Arte para a Palestina (Beirute, 1978), que visava apoiar a demanda por uma Palestina livre e lançar a ideia de um museu para um Estado futuro. Estreando em Beirute uma semana antes da invasão do Líbano por Israel, o "caráter extraeconômico de seu conteúdo pretendia ser um modelo de solidariedade" para criar um "mundo artístico global e alternativo fundamentado em ideias de solidariedade, em vez de trocas monetárias do chamado 'livre' mercado". Essa contra-história, que alimenta um internacionalismo de artistas, dá novo alento à solidariedade com a Palestina no atual mundo da arte. A palavra "Palestina" se refere aqui tanto a uma das mais longas lutas de libertação do século XXI, mas também a todas as lutas contra o racismo, a ocupação colonial, a despossessão e o extrativismo. De apelos para boicote de revistas, como a *Artforum*,[49] a artistas que se retiraram de exposições – como aqueles que se recusaram a participar de uma exposição no Barbican, em março de 2024,[50] para protestarem contra o cancelamento da conferência "A Shoah depois de Gaza", do autor Pankaj Mishra –, os gestos de solidariedade se multiplicam. Em sua instalação da Bienal de Whitney (Nova York, 2024) "*we must stop imagining apocalypse/genocide + we must imagine liberation*" [devemos parar de

49 Small, Artists Call for Boycott After *Artforum* Fires Its Top Editor, *The New York Times*.

50 Solomon, Artists Pull Works from Barbican Show to Protest "Censorhip" of Writer's Talk, *ARTnews*.

imaginar apocalipse/genocídio + devemos imaginar libertação], o artista e ativista indígena Demian DinéYazhi instalou luzes piscantes que soletravam lentamente a frase "*Free Palestine*" [Palestina livre], o que não foi percebido pelos curadores da bienal. No seu apelo ao boicote do pavilhão de Israel na Bienal de Veneza em 2024, assinado por 22 mil trabalhadoras(es) ligadas(os) à cultura, a Art Not Genocide Alliance (Anga) lembrou que a "Bienal havia 'desencorajado' a África do Sul sob *apartheid* que expusesse entre 1950 e 1968, e que, em 1968, baniu oficialmente o regime racista, uma proibição que durou até 1993". O apelo também afirmou que a Bienal e seu curador emitiram diversas declarações de apoio à Ucrânia em 2022 e impediram a presença "em qualquer um de seus eventos de delegações oficiais, instituições ou pessoas ligadas de qualquer forma ao governo russo". Em resposta a Ruth Patir, curadora do projeto do Pavilhão de Israel "M(other) Land" que enfatizou "a necessidade da arte em tempos sombrios", os signatários escreveram:

> eufemismos não podem apagar verdades violentas. Qualquer obra que represente oficialmente o Estado de Israel é um endosso de suas políticas genocidas. Não há liberdade de expressão para poetas, artistas e escritores palestinos que Israel assassina, silencia, prende, tortura e impede de viajar para o exterior ou por dentro do próprio país... Não há liberdade de expressão no crime de guerra que é o genocídio cultural.

O que está em jogo no mundo das artes e da cultura é um ressurgimento pronunciado do papel que as artes visuais e cênicas desempenham na abolição de um mundo fundado na despossessão, no extrativismo, na exploração e na devastação. É o desejo de preservar a alegria, os sonhos e as utopias emancipatórias num mundo que incentiva a força bruta e a dominação. Certamente, Gaza está devastada, seus museus foram destruídos e saqueados, só restam ruínas de seus arquivos, universidades e bibliotecas; sua população está faminta, sem acesso à água e sob bombardeio implacável; na Cisjordânia, as pessoas são expulsas, enxotadas de suas casas, assassinadas por colonos diante do Exército israelense, que se mostra indiferente ou cúmplice. Certamente, a criminalização da solidariedade contra artistas dificulta expressões de amor e de solidariedade. Mas, em todo o mundo, filmes, concertos, exposições de pinturas, esculturas, fotografias, performances e instalações testemunham a resistência à destruição programada; e em Gaza, o @palmuseum continua a organizar eventos na Universidade de Birzeit, o @FreeGazaCircus (Instagram) oferece apresentações de circo todos os dias para crianças dos campos de Gaza, tecendo "fios de esperança, amor e alegria no tapete da guerra", além de muitos outros relatos sobre cinema, teatro e artes palestinos demonstrarem a força das "armas milagrosas", para retomar a expressão de Aimé Césaire quando falava de poesia.

Referências

"JE NE VEUX PAS de votre culpabilité", réagit l'israélien Yuval Abraham, accusé d'antisémitisme à la Berlinale. *20 Minutes*, 28 fev. 204. Disponível em: https://www.20minutes.fr/arts-stars/cinema/4078807-20240228-veux-culpabilite-reagit-israelien-yuval-abraham-accuse-antisemitisme-berlinale. Acesso em: 29 maio 2025.

"WE COLLECTIVELY FAILED": ruangrupa Apologize for Antisemitic Work. *ArtReview*, 27 jun. 2022. Disponível em: https://

artreview.com/we-collectively-failed-ruangrupa-apologise-for-antisemitic-artwork/. Acesso em: 29 maio 2025.

ADJEI, Sela; LEGALL, Yann (Ed.). *Fifteen Colonial Thefts*: à Guide to Looted African Heritage in Museums. London: Pluto, 2024.

ANGÈLE, RENAUD, LÉNA SITUATIONS... "Ne soyons pas dans le camp de la honte": 200 artistes appellent à reconnaître la Palestine. *Le Parisien*, 4 jun. 2024. Disponível em: https://www.leparisien.fr/societe/angele-renaud-lena-situations-ne-soyons-pas-dans-le-camp-de-la-honte-200-artistes-appellent-a-reconnaitre-la-palestine-04-06-2024-GDZMXLB4FVDIZHMQMUKSNVC7B4.php. Acesso em: 28 de maio 2025.

ANGEVIN, David. Art contemporain et islamogauchisme: la fatigue d'une grande mécène du Palais de Tokyo. *Causeur*, 9 maio 2024. Disponível em: https://www.causeur.fr/sandra-hegedus-art-contemporain-et-islamogauchisme-la-fatigue-dune-grande-mecene-du-palais-de-tokyo-282613. Acesso em: 27 maio 2025.

ARTIST FOR PALESTINE UK: des artistes de premier plan se désengagent de la salle britannique qui censurait la Palestine. *Agence Media Palestine*, 12 dez. 2023. Disponível em: https://agencemediapalestine.fr/blog/2023/12/14/des-artistes-de-premier-plan-se-desengagent-de-la-salle-britannique-qui-censurait-la-palestine/. Acesso em: 27 maio 2025.

BENEDETTINO, Vincenza. Raphael Gross, Lars Bang Larsen, Dorlis Blume, Alexia Pooth, Julia Voss & al. (Ed.), *documenta. Politik und Kunst. Regards croisés: Revue franco-allemande d'histoire de l'art et d'esthétique*, n.12, p.163-167, 2022. Disponível em: https://paris1.hal.science/hal-04023505/document. Acesso em: 28 maio 2025.

BOUAYED, Anissa. *L'art et l'Algérie insurgée*: les traces de l'épreuve, 1954-1962. Argel: Enag, 2005.

BOURDOISEAU, Christophe. À Cassel, le festival d'art contemporain documenta face à ses racines nazies. *Libération*, 18 jun. 2022. Disponível em: https://www.liberation.fr/culture/a-cassel-le-festival-dart-contemporain-documenta-face-a-ses-racinesnazies-20220618_LELCQE6ZFFEGFAZZXM5ZOR4K7Q/. Acesso em: 28 maio 2025.

______. Allemagne: une fresque jugée antisémite décrochée à la documenta. *Télérama*, 21 jun. 2022. Disponível em: https://www.telerama.fr/debats-reportages/allemagne-une-fresque-jugee-antisemite-decrochee-a-la-documenta-7011012.php. Acesso em: 29 maio 2025.

BOYCOTT CULTUREL. Site. Campagne BDS France. Disponível em: https://www.bdsfrance.org/boycott-culturel/. Acesso em: 29 maio 2025.

COMMENT ISRAËL a fait disparaître une génération de poètes, d'écrivains et d'artistes de Gaza. *TRTfrançais*, 5 jan. 2024. Disponível em: https://www.trtfrancais.com/actualites/comment-israel-a-fait-disparaitre-une-generation-de-poetes-decrivains-et-dartistes-de-gaza-16538027. Acesso em: 27 maio 2025.

CULTURE: 15 intellectuels et artistes peintres tués et des sites archéologiques et culturels détruits à Gaza. *Wafa News Agency*, 8 nov. 2023. Disponível em: https://french.wafa.ps/Pages/Details/212424. Acesso em: 28 maio 2025.

DARRIEUS, Pauline. Paris: "Wokisme", "racisme", "antisémitisme"... la dérive idéologique du Palais de Tokyo. *Le Club*, 6 maio 2024. Disponível em: https://www.valeursactuelles.com/clubvaleurs/culture/wokisme-racisme-antisemitisme-la-vice-presidente-du-conseil-dadministration-des-amis-du-palais-de-tokyo-demissionne. Acesso em: 27 maio 2025.

DÉCLARATION CONCERNANT Israël et la Palestine. Icom: Conseil International des Musées. Disponível em: https://icom.museum/fr/news/declaration-concernant-israel-et-la-palestine/. Acesso em: 28 maio de 2025.

DUBREIL, Jean. Artistes et conservateurs se rassemblent derrière le Palais de Tokyo au milieu des critiques pour "wokisme". *Artmajeur Magazine*, 14 maio 2024. Disponível em: https://www.artmajeur.com/fr/magazine/2-actualites-artistiques/artistes-et-conservateurs-se-rassemblent-derriere-le-palais-de-tokyo-au-milieu-des-critiques-pour-wokisme/335383. Acesso em: 27 maio 2025.

DUPONT, Kevin. #Blockout: quand les TikTokeurs propalestiniens se mobilisent pour bloquer les stars. *Moustique*. Disponível em: https://www.moustique.be/actu/monde/2024/05/15/blockout-quand-les-tiktokeurs-propalestiniens-se-mobilisent-pour-bloquer-les-stars-281456. Acesso em: 27 maio 2025.

FARAH, Summer. More than 2000 Poets Boycott Poetry Foundation for Censoring Palestine Voices. *Institute for Palestine Studies*, 13 dez. 2023. Disponível em: https://www.palestine-studies.org/en/node/1654853. Acesso em: 27 maio 2025.

GHEZLANE-LALA, Donnia. L'artiste Ai Weiwei voit ses expositions annulées après un tweet sur l'État d'Israël. *Konbini*, 16 nov. 2023. Disponível em: https://www.konbini.com/popculture/lartiste-ai-weiwei-voit-ses-expositions-annulees-apres-un-tweet-sur-letat-disrael/. Acesso em: 26 maio 2025.

GHOSN, Nada. Les artistes palestiniens et les partisans de la lutte contre la guerre à Gaza sont annulés. *The Markaz Review*, 27 nov. 2023. Disponível em: https://themarkaz.org/fr/palestinian-artists-anti-war-supporters-of-gaza-cancelled. Acesso em: 27 maio 2025.

GOUDAL, Émilie. *Des damné(e)s de l'Histoire*: les arts visuels face à la guerre d'Algérie. Dijon: Les Presses du Réel, 2019.

GUILBAUT, Serge. *Comment New York vola l'idée d'art moderne*: expressionisme abstrait, liberté et guerre froide. Paris: Jacqueline Chambon, 2006.

HARRIS, Gareth. Arnolfini Censorship Row Deepens as Artists Refuse to Work with the Bristol Festival. *The Art Newspaper*, 14 dez. 2023. Disponível em: https://www.theartnewspaper.com/2023/12/14/arnolfini-censorship-row-deepens-as-artists-refuse-to-work-with-the-bristol-institution. Acesso em: 27 maio 2025.

HAWARI, Mahmoud. Israel Destroys Palestinian Cultural Heritage Sites in Gaza. *Institute for Palestinian Studies*, 28 fev. 2024. Disponível em: https://www.palestine-studies.org/en/node/1655264. Acesso em: 28 maio 2025.

ISRAËL-HAMAS: Idan Amedi, acteur star de la série "Fauda" et réserviste en opération à Gaza, grièvement blessé. *Europe 1*.

Disponível em: https://www.europe1.fr/international/israel-hamas-idan-amedi-acteur-star-de-la-serie-fauda-et-reserviste-en-operation-a-gaza-grievement-blesse-4224109. Acesso em: 27 maio 2025.

JEANNE. Sur fond de conflit israélo-palestinien et de "wokisme", la démission de la mécène Sandra Hegedüs des Amis du Palais de Tokyo crée la polémique. fdesouche.com. Disponível em: https://www.fdesouche.com/2024/05/13/sur-fond-de-conflit-israelo-palestinien-et-de-wokisme-la-demission-de-la-mecene-sandra-hegedus-des-amis-du-palais-de-tokyo-cree-la-polemique-des-personnalites-soutiennent-le-centre-d/. Acesso em: 27 maio 2025.

JELIDI, Ella; RUZZA, Maxime Cliet. Val-de-Marne: la ville de Choisy-le-Roi reporte le spectacle d'une artiste palestinien. *BFM*, 12 out. 2023. Disponível em: https://www.bfmtv.com/paris/val-de-marne-la-ville-de-choisy-le-roi-reporte-le-spectacle-d-un-artiste-palestinien_AV-202310120429.html. Acesso em: 27 maio 2025.

JOSSELIN, François-Xavier. L'art abstrait de la guerre. *Inflexions*, v.37, n.1, p.231-234, 2018.

JTA. Jonathan Glazer refuse d'utiliser sa "judéité" et la Shoah pour justifier la guerre à Gaza. *The Times of Israël*. Disponível em: https://fr.timesofisrael.com/jonathan-glazer-refuse-dutilise-sa-judeite-et-la-shoah-pour-justifier-la-guerre-a-gaza/. Acesso em: 28 maio 2025.

KHOURI, Kristine; SALTI, Rasha. *Past Disquiet*: Artists, International Solidarity and Museums in Exile (Museum under Construction Books 15). Warsaw: Museum of Modern Art in Warsaw, 2018.

LA CIA ET L'EXPRESSIONNISME ABSTRAIT. Guggenheim Bilbao. Disponível em: https://www.guggenheim-bilbao.eus/fr/le-saviez-vous/la-cia-y-el-expresionismo-abstracto. Acesso em: 28 maio 2025.

LA COUR INTERNATIONALE de justice va examiner 57 ans d'occupation israélienne. *HRW: Human Rights Watch*, 16 fev. 2024. Disponível em: https://www.hrw.org/fr/news/2024/02/16/

la-cour-internationale-de-justice-va-examiner-57-ans-doccupation-israelienne. Acesso em: 28 maio 2025.

LAPIN, Andrew. Le discours de Glazer aux Oscars suscite de vives réactions dans la communauté juive. *The Times of Israël*, 13 mar. 2024. Disponível em: https://fr.timesofisrael.com/le-discours-de-glazer-aux-oscars-suscite-de-vives-reactions-dans-la-communaute-juive/. Acesso em: 28 maio 2025.

LEQUEUX, Emmanuelle. Art contemporain: Documenta, la manifestation et ses gênantes racines nazies. *Le Monde*, 3 jul. 2022. Disponível em: https://www.lemonde.fr/culture/article/2022/07/03/art-contemporain-documenta-lamanifestation-et-ses-genantesracines-nazies_6133124_3246.html. Acesso em: 28 maio 2025.

MAGNAUDEIX, Mathieu. Annulation d'une conférence à Paris: Judith Butler dit "avoir été réduite au silence". *Mediapart*, 26 jan. 2024. Disponível em: https://www.mediapart.fr/journal/culture-et-idees/260124/annulation-d-une-conference-paris-judith-butler-dit-avoir-ete-reduite-au-silence. Acesso em: 26 maio 2025.

MARGOLIN, Jean-Louis. Indonésie 1965: un massacre oublié. *Revue Internationale de Politique Comparée*, v.8, n.1, p.59-92, 2001.

MARTINS, Quentin. "L'antisémitisme n'a pas de place à Berlin": scandale après la Berlinale et des propos anti-Israël. *Le Journal du Dimanche*, 26 fev. 2024. Disponível em: https://www.lejdd.fr/international/lantisemitisme-na-pas-de-place-berlin-scandale-apres-la-berlinale-et-des-propos-anti-israel-142461. Acesso em: 29 maio 2025.

MAY, Brian. *Indonesian Tragedy*. London: Routledge; Kegan Paul, 1978.

McGREGOR, Katharine; MELVIN, Jess; POHLMAN, Annie (Ed.). *The Indonesian Genocide of 1965*: Causes, Dynamics ad Legacies. New York: Springer, 2019.

MELVIN, Jess. *L'extermination programmée des communistes indonésiens (1965-1966)*: archives inédites. Paris: Delgas, 2018.

MILOT, Olivie; ARMATI, Lucas. À Paris, Marseille, Toulouse... l'annulation d'événements culturels en lien avec la Palestine suscite le malaise. *Télérama*, 20 out. 2023. Disponível em: https://

www.telerama.fr/debats-reportages/a-paris-marseille-toulouse-l-annulation-d-evenements-culturels-en-lien-avec-la-palestine-suscite-le-malaise-7017734.php. Acesso em: 27 maio 2025.

MISHRA, Pankaj. The Shoah After Gaza. *London Review of Books*, v.46, n.6, 21 mar. 2024. Disponível em: https://www.lrb.co.uk/the-paper/v46/n06/pankaj-mishra/the-shoah-after-gaza. Acesso em: 29 maio 2025.

MOULÈNE, Claire. La démission fracassante de Sandra Hegedüs des Amis du Palais de Tokyo crée la polémique, sur fond de conflit israélo-palestinien. *Libération*, 8 maio 2024. Disponível em: https://www.liberation.fr/culture/la-demission-de-sandra-hegedus-membre-des-amis-du-palais-de-tokyo-cree-la-polemique-sur-fond-de-conflit-israelo-palestinien-20240508_PL2ERJYU7ZCA7DONQEDZOUEWWE/. Acesso em: 27 maio 2025.

NOUVEAU 4 PAGES: le boycott culturel. Site. Campagne BDS France, 4 out. 2020. Disponível em: https://www.bdsfrance.org/nouveau-4-pages-le-boycott-culturel/. Acesso em: 29 maio 2025.

PERRAUD, Antoine. Retour sur du rififi furieusement d'époque au Palais de Tokyo à Paris. *Médiapart*, 14 maio 2024. Disponível em: https://www.mediapart.fr/journal/culture-et-idees/140524/retour-sur-du-rififi-furieusement-d-epoque-au-palais-de-tokyo-paris. Acesso em: 27 maio 2025.

PERROT, Raymond. *De la tache à la figure*: la guerre d'Algérie et les artistes, 1954-1962. Campagnan: EC, 2002.

PINCEAU = ARME. L'expressionnisme abstrait comme arme de propagande de la CIA. *Le Monde*, 4 abr. 2012. Disponível em: https://www.lemonde.fr/big-browser/article/2012/04/04/pinceau-arme-l-expressionnismeabstrait-comme-propagande-dela-cia_5987373_4832693.html. Acesso em: 28 maio 2025.

POLÉMIQUE À LA BERLINALE après que plusieurs artistes ont accusé Israël de commettre un génocide à Gaza. *Le Monde*, 26 fev. 2024. Disponível em: https://www.lemonde.fr/culture/article/2024/02/26/la-berlinale-dans-la-tourmente-apres-des-propos-sur-israel-lors-de-la-remise-des-prix_6218535_3246.html. Acesso em: 29 maio 2025.

QI, Yiqing. Carte: quels sont les pays en Europe qui ont reconnu l'État de Palestine?. *Ouest France*, 28 maio 2024. Disponível em: https://www.ouest-france.fr/monde/palestine/carte-quels-sont-les-pays-en-europe-qui-ont-reconnu-letat-de-palestine-050bff08-1c35-11ef-9f93-21d487e07ff3. Acesso em: 28 maio 2025.

RANTA, Ronald. Consuming Palestine: Palestine and Palestinians in Israeli Food Culture. *Ethnicities*, v.14, n.3, p.412-435, 2014.

RECONNAISSANCE DE LA PALESTINE: Angèle, Leïla Bekhti, Renaud... 200 artistes en appellent à Macron. *Huffpost*, 4 jun. 2024. Disponível em: https://www.huffingtonpost.fr/culture/article/reconnaissancede-la-palestine-angele-leila-bekhtirenaud-200-artistes-en-appellent-amacron_234987.html. Acesso em: 28 maio 2025.

ROBINSON, Geoffrey B. *L'archipel du génocide*. Paris: Delgas, 2021.

______. *The Killing Season*: A History of the Indonesian Massacre, 1965-66. Princeton: Princeton University Press, 2018.

ROOSA, John. *Buried Histories*: The Anticommunist Massacres of 1965-1966 in Indonesia. Madison: University of Wisconsin Press, 2020.

ROZELIER, Muriel. Le peintre Fathi Ghaben, figure de la résistance palestinienne, est mort à Gaza. *Le Quotidien de l'art*, 29 fev. 2024. Disponível em: https://www.lequotidiendelart.com/articles/25268-le-peintre-fathi-ghaben-figure-de-laresistance-palestinienne-estmort-a-gaza.html. Acesso em: 28 maio 2025.

SALTI, Rasha (Ed.). *Past Disquiet*: Artists International Solidarity and Museums in Exile. Warszawa: Museum of Modern Art in Warsaw, 2018.

SCANDALE ANTISEMITE EN ALLEMAGNE: une œuvre polémique décrochée à la documenta de Cassel. *Connaissance des arts*, 23 jun. 2022. Disponível em: https://www.connaissancedesarts.com/arts-expositions/art-contemporain/scandale-antisemite-en-allemagne-une-oeuvre-polemique-decrochee-a-la-documenta-de-cassel-11174645/. Acesso em: 29 maio 2025.

SEYMOUR, Tom. Israeli Museums Publies Urgent Appeal for International Council of Museums (Icom) to Condemn Hamas Violence. *The Art Newspaper*, 23 out. 2023. Disponível em: https://www.theartnewspaper.com/2023/10/23/israeli-museums-publish-urgent-appeal-for-international-council-of-museums-icom-to-condemn-hamas-violence. Acesso em: 28 maio 2025.

SHEETY, Roger. Palestine: étude d'un vol historique culturel. *Middle East Eye*, 22 set. 2015. Disponível em: https://www.middleeasteye.net/fr/opinion-fr/palestine-etude-dun-vol-historique-et-culturel. Acesso em: 27 maio 2025.

SMALL, Zachary. Artists Call for Boycott After Artforum Fires Its Top Editor. *The New York Times*, 27 out. 2023. Disponível em: https://www.nytimes.com/2023/10/27/arts/design/artforum-boycott-goldin-eisenman.html. Acesso em: 30 maio 2025.

SOLOMON, Tessa. Artists Pull Works from Barbican Show to Protest "Censorhip" of Writer's Talk. *ARTnews*, 11 mar. 2024. Disponível em: https://www.artnews.com/art-news/news/artists-pull-works-barbican-show-gaza-pankaj-mishra-talk-canceled-1234699461/. Acesso em: 30 maio 2025.

TAMIMI, Tamara. Israeli Appropriation of Palestinian Heritage in Jerusalem. Disponível em: https://www.un.org/unispal/wp-content/uploads/2019/06/MIFTAH_Submission_1July2019.pdf. Acesso em: 27 maio 2025.

TÉLÉRAMA; AFP. Polémique au salon du livre de Francfort, une auteure palestinienne temporairement privée de son prix. *Télérama*, 17 out. 2023. Disponível em: https://www.telerama.fr/livre/polemique-au-salon-du-livre-de-francfort-une-autrice-palestinienne-temporairement-privee-de-son-prix-7017667.php. Acesso em: 26 maio 2025.

THE APPROPRIATION of Palestinian Culture. *FFIPP*, 12 set. 2021. Disponível em: https://www.ffippeu.com/blog/2021/8/19/test. Acesso em: 27 maio 2025.

TRINEL, Sylvain. #Blockout2024, le hashtag qui s'attaque aux stars qui ne soutiennent pas les Palestiniens. *BFM Tech & Co.*

Disponível em: https://www.bfmtv.com/tech/actualites/reseaux-sociaux/blockout2024-le-hashtag-qui-s-attaque-aux-stars-qui-ne-soutiennent-pas-les-palestiniens_AV-202405130528.html. Acesso em: 27 maio 2025.

UNESCO. Bande de Gaza: évaluation des dommages. *Les actions de l'Unesco dans la bande de Gaza/Palestine*, 11 jun. 2024. Disponível em: https://www.unesco.org/fr/gaza/assessment?hub=102070. Acesso em: 28 maio 2025.

VAZ, Robin. La mairie de Paris annule une conférence pour la paix de la philosophe Judith Butler. *Les Inrockuptibles*, 4 dez. 2023. Disponível em: https://www.lesinrocks.com/actu/la-mairie-de-paris-annule-une-conference-pour-la-paix-de-la-philosophe-judith-butler-603124-04-12-2023/. Acesso em: 26 maio 2025.

VILLA, Angelica. Israeli Museum Directors Call for Icom to Denounce Hamas. *ARTnews*, 23 out. 2023. Disponível em: https://www.artnews.com/art-news/news/israeli-museum-directors-icom-open-letter-hamas-1234684241/. Acesso em: 28 maio 2025.

WALFISZ, Jonny. German Cultural Institutions Turn on Pro-Palestinian Voices. *Euro Newx*, 20 dez. 2023. Disponível em: https://www.euronews.com/culture/2023/12/20/german-cultural-institutions-turn-on-pro-palestinian-voices. Acesso em: 27 maio 2025.

WALTER, Morgane. La documenta de Kassel (1955-1964). *Encyclopédie d'histoire numérique de l'Europe*, 23 jun. 2020. Disponível em: https://ehne.fr/fr/encyclopedie/thematiques/les-arts-en-europe/expositions-les-arts-et-la-diplomatie/la-documenta-de-kassel-1955-1964. Acesso em: 28 maio 2025.

WEISS, Philip. Israeli Designer Eroticises the Palestinian Keffiyeh. *Mondoweiss*, 2 fev. 2016. Disponível em: https://mondoweiss.net/2016/02/israeli-designer-eroticizes-the-palestinian-keffiyeh/. Acesso em: 27 maio 2025.

YOUNG, James O. Profound Offense and Cultural Appropriation. *The Journal of Aesthetics and Art Criticism*, v.63, n.2, p.135-146, 2005. Disponível em: https://www.jstor.org/stable/3700467. Acesso em: 27 maio 2025.

Dominar inocente (uma fantasia)

Frédéric Lordon

Às vezes, há momentos de verdade, como este: "O peixe apodrece pela cabeça", declarou Gabriel Attal, atacando o último artefato do grupo de apoio incondicional; isso foi na Sciences Po. O milagre de uma declaração verdadeira vinda de uma boca geralmente cheia de inverdades ou até de mentiras descaradas. Ora, que o peixe apodreça pela cabeça, isso é duplamente verdadeiro. Porque podemos primeiro entender a cabeça num sentido metafórico: são os líderes e, mais em geral, os dominadores, e nesse nível, de fato, a podridão está agora em todo lugar. Mas também podemos entendê-la num sentido metonímico: a cabeça, como ela pensa no acontecimento; a cabeça como as operações do pensamento, ou melhor, o desregramento das operações do pensamento, de fato, o colapso das normas que deveriam governá-lo.

Aqui, o colapso das formas de argumentação não é imputável à *pura* estupidez (que raramente constitui uma boa hipótese): é imputável à estupidez interessada. Os interesses materiais determinam, ainda que por uma mediação muito estendida, os interesses de pensamento, ou, digamos, as inclinações para se pensar de certo jeito e para proibir que se pense de outro. É aqui mesmo que a cabeça podre do peixe articula seus dois significados: a violência da frente burguesa (a metáfora) desencadeada na imposição de suas formas de pensamento (a metonímia).

Como é possível que a burguesia no poder seja tão estouvada a ponto de não se interessar por temas como impostos ou horas de trabalho? Por que *esse* acontecimento internacional tem ressonância tão poderosa nas conjunturas nacionais das classes? Afinal, as burguesias ocidentais estão visceralmente do lado de Israel. As burguesias ocidentais consideram que sua situação e a de Israel estão intimamente ligadas, uma conexão imaginária, semiconsciente, que, muito mais do que simples afinidades sociológicas (entre nações emergentes, por exemplo), tem em suas raízes um princípio de dupla simpatia, que é, ele próprio, perfeitamente inconfessável: simpatia pela dominação, simpatia pelo racismo (talvez, a forma mais pura de dominação e, portanto, a mais excitante para os dominadores). Duas simpatias que se exasperam quando a dominação entra em crise: crise orgânica nos capitalismos, crise colonial na Palestina, ou seja, quando os dominados se levantam porque não aguentam mais, e os dominadores estão prontos para esmagá-los para se *reafirmarem*.

No entanto, há algo ainda muito mais profundo e mais fascinante para as burguesias ocidentais; devo tal ideia a Sandra Lucbert, que viu especificamente essa questão quando elaborava a palavra que acredito ser decisiva: inocência. O ponto de fascínio da burguesia ocidental é a imagem de Israel como figura de dominação *na inocência*, isto é, como um "ponto de fantasia realizado".[1] Dominar sem carregar a mancha do mal é

1 Conversa com Sandra Lucbert.

a fantasia absoluta do dominante. Porque "dominar sendo inocente é normalmente impossível; mas Israel realiza esse impossível; e oferece o modelo às burguesias ocidentais".[2]

"Sou inocente, sou ontologicamente inocente, e você não pode fazer nada a esse respeito",[3] grita Pierre Goldman ao seu juiz, em um contexto completamente diferente. Mesmo que façamos a burguesia falar para além de si própria e de sua situação, podemos ver a réplica como uma vinheta na qual tudo se encontra duplicado: depois da Shoah, Israel se estabeleceu na inocência ontológica. E, de fato, os judeus foram as primeiras vítimas, vítimas até nos momentos mais altos da história da perseguição humana. Mas "vítima", mesmo no melhor dos mundos, não significa "inocente para sempre". Só passamos de um para o outro por uma inferência fraudulenta, que podemos, no máximo, entender, mas certamente não ratificar.

De tudo isso, a burguesia ocidental reteve apenas o que lhe convinha e passou a desejar muito, tal qual Israel, entregar-se à dominação na mais completa inocência. É evidentemente mais difícil para ela, mas o modelo está aí, diante dos seus olhos, e ela está hipnotizada por ele e imediatamente presa num reflexo de solidariedade.

O esforço para não ver

Os humanos têm diferentes maneiras de não encarar sua própria violência e de serem capazes de se estabelecer na inocência

2 Idem.

3 Goldman, Pierre. *Souvenirs obscurs d'un juif polonais né en France*. Paris: Seuil, 1975. Ver também o filme de Cédric Kahn, *Le procès Goldman*, 2023.

enquanto se entregam a todas as suas outras paixões, principalmente suas paixões violentas, suas paixões de dominação. A primeira consiste em degradar outros humanos sobre os quais essas paixões são exercidas: eles não são verdadeiramente humanos. Por conseguinte, o mal causado a eles é tão somente um pequeno mal: um mal menor. Em todo caso, o causador do mal certamente não é o Mau, e a inocência não é comprometida.

A segunda maneira, provavelmente a mais poderosa e a mais ordinariamente aplicável, é a negação. A categoria "terrorismo", por exemplo, continua servindo para a negação. É uma categoria criada para impedir o pensamento, para excluir o pensamento, especialmente o pensamento *ex nihilo nihil*, que nada vem do nada. Que os acontecimentos não caem do céu. Que existe uma economia geral da violência, que ela funciona na reciprocidade negativa, ou seja, na reciprocidade para o pior, e que poderíamos parafrasear o princípio de Lavoisier: nada se perde, nada se cria, *tudo retorna*. Os diversos e surpreendentes atos de violência infligidos ao povo palestino por quase oitenta anos estavam destinados a retornar. Somente aqueles que, graças a alguma operação intelectual, possuíam apenas a condenação é que conseguiam ter a certeza de não ver nada antes e não compreender nada depois. De fato, existem casos em que não compreender não é uma fraqueza do intelecto, mas um truque da psique: seu imperativo categórico. A *falta* da compreensão para *poder não ver*;[4] não ver que alguém tem parte na causalidade e, consequentemente, que não é tão inocente.

4 No original, "Il *faut* ne pas comprendre pour *pouvoir ne pas voir*". Literalmente, pode ser traduzido como "É preciso não compreender para poder não ver". (N. T.)

Pretender que a sequência após 7 de outubro comece em 7 de outubro é o desvio intelectual mais vicioso e mais característico desse tipo geral de situação, um desvio que somente poderia ter como adeptos os inocentes ontológicos e todos aqueles que, invejando-os, adoram acreditar, junto com eles, em efeitos sem causa. Não é de se surpreender que, depois *disso*, eles continuem usando a palavra "terrorismo" sem pestanejar em referência a ecoterroristas ou terrorismo intelectual, quando deveriam estar escondidos debaixo da terra, esmagados pela vergonha sacrílega. Eles nem sequer respeitam os mortos: fingem honrar sua memória e apoiar sua causa. Porém, o "terrorismo" é o escudo da inocência burguesa e da inocência ocidental.

A situação da palavra "antissemitismo" pode ser analisada de maneiras bem semelhantes. Em seus usos, ou, melhor dizendo, em seus desvios atuais – que obviamente não esgotam todos os casos, pois antissemitismo há, e muito! –, portanto, a acusação é feita para que ela se volte contra todos aqueles que teriam o projeto ofensivo de reconstituir a cadeia causal, desejosos assim de colocar em questão a inocência.

Rebaixamentos

Em todo caso, ter a cabeça apodrecida é, antes de tudo, isto: a corrupção interessada das categorias e das operações de pensamento, porque o que há para proteger é muito precioso. É a corrupção das categorias e, por conseguinte, o rebaixamento – em muitos casos, pode-se até dizer o aviltamento – do debate público. Não é por acaso que o peixe podre falou pela boca de Attal, pois esse ultraje é um dos produtos mais típicos do processo de *fascização* em que o *macronismo*, apoiado pela burguesia radicalizada, engajou o país. Um processo que pode ser reconhecido pelo crescente império de mentiras, pela distorção sistemática de declarações, pela desinformação aberta e, até mesmo, pela fabricação pura e simples. Com a colaboração, como deve ser, pelo menos no início, de todos os meios de comunicação burgueses. Um processo que também reconhecemos na forma como os argumentos do debate público são construídos, mediante imposição de passagens obrigatórias e significações proibidas.

Entretanto, todas as negações e todos os compromissos simbólicos do mundo, toda intimidação e toda censura serão inúteis contra a enorme onda de realidade vinda de Gaza. O campo do apoio incondicional a Israel está demonstrando solidariedade a quê? E a que preço? Isso é algo que ele próprio, obnubilado por seus pontos de reafirmação, não é mais capaz de ver, evidentemente. Para todos os outros que não perderam completamente a razão e ainda observam consternados esse apoio, a perdição ideológica na qual afunda o governo israelense é um poço sem fundo, uma mistura de racismo biológico e escatologia messiânica. O que sabíamos antes do 7 de outubro de modo geral é que projetos políticos escatológicos são necessariamente projetos de massacre. E assim é.

Como Ilan Pappé demonstrou, a característica da colonização, quando se trata de um assentamento, é que ela envolve a eliminação de qualquer presença do povo ocupante; no caso do povo palestino, seja por expulsão-deportação ou, como sabemos agora, por genocídio. Aqui, como em outras ocasiões devidamente registradas pela história, a desumanização terá sido mais uma vez o tropo por excelência que justifica e permite a grande eliminação; e atualmente temos diversas provas disso, tanto encontradas nas bocas oficiais israelenses quanto na enxurrada lamacenta de depoimentos nas redes sociais, que oscilam entre uma feliz monstruosidade e a exultação sádica. É isso que aparece quando o véu da inocência é levantado; como sempre, o que se vê não é bonito.

Um ponto salta aos olhos nessa paisagem de aniquilamento: a destruição de cemitérios. Talvez aí esteja o que melhor reconhecemos nos projetos de erradicação total: seu gozo levado ao ponto da aniquilação simbólica que, se for um paradoxo, não deixa de nos lembrar dos termos do *herém*[5] de Espinosa: "Que seu nome seja apagado deste mundo e para sempre". Nesse caso, não funcionou. Não funcionará também aqui.

Básculo

Já podemos recapitular todos os elementos vistos mostrando a imagem que deles emerge. É o quadro de um suicídio moral. Um estrago tão fulgurante do capital simbólico que acreditávamos ser inatacável, aquele que se constituiu em torno do significante judeu depois da Shoah, provavelmente nunca foi visto.

Mas, se somos impelidos pela solidariedade para com os piores, o tempo do ajuste de contas simbólico está prestes a chegar para todos, especialmente para a entidade que se autointitula Ocidente, a que reivindica o monopólio da civilização, mas que, acima de tudo, espalhou violência e predação camufladas por seus princípios vantajosos. Mesmo que tenha flutuado algum dia, agora seu crédito moral também naufragou.

---

5 O *herém*, ou *cherém*, é o mais alto grau de punição no judaísmo, quando a pessoa é totalmente excluída da comunidade judaica. (N. T.)

É preciso a arrogância dos dominadores – que em breve serão depostos, mas que ainda não sabem disso – para acreditar que podem apoiar sem danos o que atualmente apoiam. Pessoas que permanecem passivas, muitas vezes cúmplices, que às vezes até negam um crime tão grande, cometido diante dos seus olhos e dos olhos de todos, pessoas desse tipo não podem reivindicar mais nada. O mundo inteiro observa Gaza morrendo, e o mundo inteiro observa o Ocidente observando Gaza. E nada lhe escapa.

Nesse momento, pensamos inevitavelmente na Alemanha, onde o apoio incondicional atingiu um nível de loucura completamente estarrecedor, a ponto de ser transformado em "razão de Estado". Sobre isso, um internauta dotado de senso de humor mórbido disse: "Definitivamente, quando se trata de genocídio, eles estão sempre do lado errado da história". Não é certo que "nós" – a França – sejamos muito melhores, mas é certo que a história espera por todos na hora H. A história, de fato: é com ela que o Ocidente vai se encontrar em Gaza. Se esse for o encontro de sua queda e de sua destituição – não somos proibidos de pensar assim –, então chegará em breve o momento em que poderemos dizer que o mundo basculou em Gaza.

Necessitamos de um êxodo do sionismo[1]

Naomi Klein

Pensei em Moisés e em sua raiva quando ele desceu da montanha e encontrou os israelitas adorando um bezerro de ouro.

A ecofeminista em mim sempre se sentiu desconfortável com essa história. Que tipo de Deus tem ciúmes dos animais? Que tipo de Deus quer tomar somente para si todas as coisas sagradas da Terra?

Há, porém, uma leitura menos literal dessa narrativa. A dos falsos ídolos. Da tendência humana de adorar o profano e o

1 Discurso proferido em 23 de abril de 2024 no protesto "Emergency Seder in the Streets" [Seder de emergência nas ruas] em Nova York. Celebrado durante a festa judaica da Páscoa, o Seder é um ritual que faz seus participantes reviverem simbolicamente, por meio da partilha de comida e bebida, bem como pela leitura do livro do Êxodo, a passagem da escravidão no Egito para a liberdade. O "Seder nas ruas", organizado pela Jewish Voice for Peace para exigir o fim do envio de armas para Israel, foi realizado no Grand Army Plaza, no Brooklyn, perto da residência de Chuck Schumer, líder da maioria democrata no Senado e defensor incondicional de Israel.

chamativo, de se voltar para o pequeno e para o material em vez do vasto e do transcendente.

O que quero dizer a vocês esta noite, por ocasião deste revolucionário e histórico "Seder nas ruas", é que muitas pessoas de nosso povo estão mais uma vez adorando um falso ídolo. Elas estão fascinadas por ele. Inebriadas por ele. Profanadas por ele.

Esse falso ídolo é chamado de sionismo.

É um falso ídolo que toma para si nossas mais profundas histórias bíblicas sobre justiça e libertação da escravidão – a própria história da Páscoa –, e as transforma em armas brutais de roubo colonial de terras, em roteiros para limpeza étnica e em genocídio.

É um falso ídolo que tomou a ideia transcendente da terra prometida – uma metáfora para a libertação humana que viajou por várias religiões e pelos quatro cantos do globo – e se permitiu vendê-la para um etnoestado militarista.

A forma de libertação defendida pelo sionismo político é, em si, profana. Desde o início, ele se empenhou na expulsão em massa de palestinas e palestinos de suas casas e de suas terras ancestrais, a Nakba.

Desde o início, ele está em guerra contra os sonhos de libertação. Neste Seder, é bom lembrar o tratamento que ele reservou aos sonhos de libertação e de autodeterminação do povo egípcio. Esse falso ídolo do sionismo identifica a segurança de Israel com a ditadura egípcia e seus Estados clientes.

Desde o início, ele engendrou uma forma repulsiva de liberdade que via as crianças palestinas não como seres humanos, mas como ameaças demográficas; assim como o faraó no livro do Êxodo temia a crescente população dos israelitas e, por isso, ordenou que seus filhos fossem mortos.

Fomos conduzidos pelo sionismo ao nosso presente cataclísmico, e é hora de dizermos isso claramente: ele nos trouxe até aqui desde sempre.

É um falso ídolo que levou muitos do nosso povo por um caminho profundamente imoral que agora os inspira a justificar a revogação de mandamentos fundamentais: não matarás, não roubarás, não cobiçarás.

É um falso ídolo que equipara a liberdade judaica às bombas de fragmentação que matam e mutilam crianças palestinas.

O sionismo é um falso ídolo que traiu todos os valores judaicos, incluindo o valor que damos ao questionamento, uma prática enraizada no Seder com suas quatro questões enunciadas pela mais nova das crianças.

Incluindo o amor que nós, enquanto povo, temos pelo texto e pela educação.

Atualmente, esse falso ídolo justifica o bombardeio de todas as universidades de Gaza; a destruição de diversas escolas, arquivos e gráficas; o assassinato de centenas de universitários, jornalistas e poetas. É isso que palestinas e palestinos chamam de *escolasticídio*, a destruição dos meios de educação.

Enquanto isso, aqui, em Nova York, as universidades chamam a polícia e erguem barricadas contra a grave ameaça representada por seus(suas) próprios(as) estudantes que ousam fazer perguntas básicas: como vocês pretendem acreditar no que quer que seja, como podem acreditar em nós, quando vocês permitem esse genocídio, investem nele e colaboram com ele?

O falso ídolo do sionismo vem crescendo sem controle há muito tempo.

Então, hoje à noite, dizemos: isso para agora.

Nosso judaísmo não pode ser confinado a um etnoestado, pois nosso judaísmo é internacionalista por natureza.

Nosso judaísmo não pode ser protegido pelo exército devastador desse Estado, porque esse exército só sabe semear dor e colher ódio, inclusive contra nós, judias e judeus.

Nosso judaísmo não é ameaçado por aquelas e aqueles que erguem a voz em solidariedade à Palestina, para além das diferenças de raça, etnia, capacidade física, gênero e geração.

Nosso judaísmo é uma dessas vozes, e ele sabe que é nesse coro de vozes que se encontram, de uma só vez, nossa segurança e nossa libertação coletivas.

Nosso judaísmo é o judaísmo do Seder da Páscoa: o ajuntamento em uma cerimônia para compartilhar comida e vinho com pessoas queridas, mas também com desconhecidas e desconhecidos, um rito por natureza transportável, leve o suficiente para ser carregado nas costas, que não necessita de nada além de nós mesmos: sem paredes, sem templo, sem rabino, cada um e cada uma com seu papel, até mesmo – e especialmente – as crianças mais novas. O Seder é uma tecnologia da diáspora, se é que alguma vez houve uma, concebida para o luto coletivo, a contemplação, o questionamento, a lembrança e o reavivamento do espírito revolucionário.

Então, olhe ao seu redor. Eis aqui, o nosso judaísmo. Enquanto as águas sobem, enquanto as florestas queimam, enquanto nada é certo, estaremos orando diante do altar da solidariedade e da ajuda mútua, custe o que custar.

Não precisamos do falso ídolo do sionismo. Não o queremos. Queremos nos libertar do projeto que comete genocídio em nosso nome. Ser libertadas e libertados de uma ideologia que não tem outro plano de paz além de lidar com os *petroestados* da região, tão teocráticos quanto assassinos, e que vendem para o mundo suas tecnologias de assassinato robotizado.

Procuramos libertar o judaísmo de um etnoestado que quer que judias e judeus tenham medo eternamente, que quer que nossas crianças tenham medo, que quer que acreditemos que o mundo está contra nós a fim de que corramos em direção à sua fortaleza e para baixo de sua cúpula de ferro, ou, pelo menos, para que as armas e as doações continuem a chegar.

Eis o falso ídolo.

E o falso ídolo não é apenas Netanyahu, é o mundo que ele criou e quem o criou. É o sionismo.

O que somos? Nós, que estamos nas ruas há meses e meses, somos o êxodo. O êxodo do sionismo.

E, para os Chuck Schumers deste mundo, não estamos dizendo: "Deixem nosso povo partir".

O que dizemos é: "Já partimos. E quanto às suas crianças? Eles e elas agora estão conosco".

Biografias

Judith Butler é filósofa, professora emérita (Universidade da Califórnia, Berkeley) e integrante do comitê acadêmico do Jewish Voice for Peace.

Ariella Aïsha Azoulay é escritora, pesquisadora, cineasta experimental e comissária dos arquivos anticoloniais. É autora de *La résistance des bijoux* (2023).

Sebastian Budgen é diretor editorial da Verso Books.

Leandros Fischer é professor universitário de Estudos Internacionais. Sua tese se concentrou na esquerda alemã e na questão palestina.

Maxime Benatouil é professor de Economia e Ciências Sociais, além de ativista no bloco judaico decolonial, principalmente na Union Juive Française pour la Paix (UJFP) e na Tsedek.

Houria Bouteldja é ativista decolonial e cofundadora do Parti des Indigènes de la République, que ela deixou em 2020. É autora de *Les blancs, les juifs et nous* (2016; ed. bras.: *Os brancos, os judeus e nós: rumo a uma política do amor revolucionário*. São Paulo: Papéis Selvagens, 2023) e *Beaufs et barbares* (2023).

Françoise Vergès é autora de *Un féminisme décolonial* (2019; ed. bras.: *Um feminismo decolonial*. São Paulo: Ubu, 2020) e *Programme de désordre absolu* (2023).

Frédéric Lordon, filósofo, é autor de *Capitalisme, désir et servitude* (2010), *Vivre sans?* (2019) e *Figures du communisme* (2021).

Naomi Klein, uma das principais vozes do Jewish Voice for Peace nos Estados Unidos, é autora de *The Shock Doctrine: The Rise of Disaster Capitalism* (2010; ed. bras.: *A doutrina do choque: a ascensão do capitalismo do desastre*. Rio de Janeiro: Nova Fronteira, 2008) e *This Changes Everything: Capitalism vs. the Climate* (2014).

SOBRE O LIVRO

Formato: 13,7 x 21 cm
Mancha: 23,4 x 38,6 paicas
Tipologia: Venetian 301 12,5/16
Papel: Off-white 80 g/m^2 (miolo)
Cartão Triplex 250 g/m^2 (capa)

1ª edição Editora Unesp: 2025

EQUIPE DE REALIZAÇÃO

Edição de texto
Maísa Kawata (Copidesque)
Tulio Kawata (Revisão)

Capa
Marcelo Girard

Editoração eletrônica
Sergio Gzeschnik

Assistente de produção
Erick Abreu

Assistência editorial
Alberto Bononi
Gabriel Joppert

Rettec artes gráficas e editora

Rua Xavier Curado, 388 • Ipiranga - SP • 04210 100
Tel.: (11) 2063 7000
rettec@rettec.com.br • www.rettec.com.br